한국어교육실습

저자 소개

최윤곤(崔潤坤)
서원대 국제학부/산업대학원 한국어교육학과 교수
서원대 한국어교육원 원장
동국대 대학원 국어국문학과 문학박사

최은경(崔恩慶)
동국대 다르마칼리지 교수
(전) 동국대 한국어교육원 주임
동국대 대학원 국어국문학과 문학박사

박소연(朴素娟)
동국대 한국어교육원 부주임
동국대 미래융합교육원 '외국어로서의 한국어교육 실습' 강의
동국대 대학원 국어국문학과 박사과정 수료

한국어교육실습

초판 1쇄 발행 2019년 3월 4일
2쇄 발행 2022년 9월 1일

지은이 최윤곤, 최은경, 박소연
펴낸이 박민우
기획팀 송인성, 김선명, 김선호
편집팀 박우진, 김영주, 김정아, 최미라, 전혜련
관리팀 임선희, 정철호, 김성언, 권주련
펴낸곳 (주)도서출판 하우
주소 서울시 중랑구 망우로68길 48
전화 (02)922-7090
팩스 (02)922-7092
홈페이지 http://www.hawoo.co.kr
e-mail hawoo@hawoo.co.kr
등록번호 제475호

값 19,000원
ISBN 979-11-88568-73-4 93710

* 이 책의 저자와 (주)도서출판 하우는 모든 자료의 출처 및 저작권을 확인하고 정상적인 절차를 밟아 사용하였습니다.
  일부 누락된 부분이 있을 경우에는 이후 확인 과정을 거쳐 반영하겠습니다.

* 이 책은 저작권법에 따라 보호받는 저작물이므로 무단전재와 무단복제를 금지하며,
  이 책 내용의 전부 또는 일부를 이용하려면 반드시 저작권자와 (주)도서출판 하우의 서면 동의를 받아야 합니다.

한국어 교육 실습

최윤곤·최은경·박소연 지음

머리말

　한국어교육은 '한국어를 어떻게 가르쳐야 할지를 연구'하는 학문이다. 따라서 한국어 자체에 대한 연구도 필요하지만 궁극적으로는 어떻게 잘 가르치느냐는 것이 가장 중요한 부분이며 한국어 교사가 되는 마지막 관문으로 바로 '한국어교육 실습'이 있는 것이다. 한국어교육 실습은 한국어 교수 능력뿐만 아니라 교실 운영 및 교육 행정 등 한국어교육 현장에 대한 이해를 위해서 이론적인 내용을 교실 현장에 적용하는 내용으로 구성되어 있다. 그렇지만 한국어 교육현장에서 참고할 실습 교재로는 조형일 선생님의 '한국어 교실 수업의 원리와 실제'와 이은경·이윤진 선생님의 '한국어 교원 자격 취득을 위한 한국어교육 실습' 정도가 있을 뿐이다. 이에 한국어교육 현장에서 교육 경험을 바탕으로 저자들이 사용할 교재로 이 책을 출간하게 되었다.

　이 책의 내용은 저자들이 한국어교육 현장에서 외국인에게 한국어를 가르치면서 좀 더 나은 교수법에 대한 고민의 결과이며 강의나 학생들의 질문 중에서 해결하지 못한 문제에 대한 대답이기도 하다. 이 책의 기초는 지난 몇 년간 〈한국어교육 실습〉 수업을 해 온 자료를 정리하여 엮는 작업이었는데, 책으로 엮는 시간이 길지 않아 충분히 다듬고 정제하지 못한 것에 대한 아쉬움이 크다. 또한 저자들이 함께 모여 강의 내용을 분담하고 토론한 결과를 담아내려 노력하였으나 글로 옮기는 과정에서 그 내용을 충분히 표현하지 못하였다. 부족한 부분은 앞으로 수정 보완할 것을 약속한다.

　감사드릴 분들이 많으나 개인적으로 마음을 전하기로 하고 무엇보다도 그동안 수업에 참여한 동국대학교 대학원 국어국문학과 한국어교육 전공 석·박사 과정생들과 미래융합교육원 학점은행제 수강생들에게 감사의 마음을 전한다.

　이 책이 한국어교육 실습 수업에 조금이나마 보탬이 되기를 희망하여 필요에 의해 시작된 작업이었으므로 부족하나마 세상에 내어 놓는다.

2019년 3월 4일

저자 일동

일러두기

　이 책은 한국어교육 실습 수업을 위한 책으로 교과목 담당교·강사와 현장 실습 지도자, 실습생 모두에게 실질적인 도움을 주고자 구성하였으며 국립국어원의 '한국어교육 실습교과목 운영지침(2017)'의 내용을 모두 반영하여 저술하였다.
　이 책은 15주 강의에 맞게 총 15강으로 구성한 한국어교육 실습 교과목 운영을 위한 책이다. 국립국어원의 실습 교과목 운영 지침에 따라서 총 45시간을 기준으로 이론 수업 9시간, 참관 수업 9시간, 모의수업 24시간, 강의실습 3시간으로 구성하였다.

구분		내용
1부	1~2강	이론 수업 ①, ②
2부	3~5강	모의수업 교안 작성 ①~③
3부	6~9강	강의참관 ①~③, 이론 수업③
4부	10~14강	모의수업 ①~⑤
5부	15강	강의실습

　1부에서는 한국어교육 실습에서 필요한 이론 및 교과목 운영을 위한 내용을 다루었다.
　2부에서는 모의수업 교안 작성을 위한 구체적인 설명 및 교안 샘플을 제공하였으며 실제 피드백도 제시하여 이를 토대로 교안 작성을 연습할 수 있도록 하였다. 단계별, 수준별, 영역별 교안의 특징 및 교안 작성 연습이 이루어진다. 교안 작성 시 유용한 문법 목록도 제공하여 교안 연습 시 활용하도록 하였다.
　3부에서는 강의참관을 위한 사전교육 진행 방법 및 주의사항, 강의참관 교안 작성을 위한 교안 샘플을 담았다. 강의참관 후 토론 수업을 위한 상세한 진행 방법도 포함되어 있다.
　4부에서는 모의수업을 진행하는 과정을 다루었다. 모의수업의 실제적 운영 방법 및 교안 샘플을 담았다. 또한 기말시험으로 활용 가능한 시범수업의 운영 방식도 제시하였다.
　5부에서는 강의실습을 다루었고, 교실 운영 시 참고할 사항도 추가하였다.
　부록으로 국제 통용 한국어 표준 교육과정 및 문법 목록, 주요 대학 기관 교재의 문법 목록 등을 추가하여 참고하도록 하였다. 또한 지필평가 및 토론 자료를 제시하였는데 이것은 수업 중 토론이나 학기 중 과제 또는 중간시험으로 활용할 수 있다.

차례

머리말 4

일러두기 5

1부 이론 수업 • 9

1강 이론 수업①: 한국어교육 실습 개요 11

2강 이론 수업②: 한국어 교사론 41

2부 모의수업 교안 작성 • 73

3강 모의수업 교안 작성① 75

4강 모의수업 교안 작성② 91

5강 모의수업 교안 작성③ 105

3부 강의참관 • 119

6강 강의참관① 121

7강 강의참관② 135

8강 강의참관③ 141

9강 이론 수업③: 강의참관 후 토론 157

4부 모의수업 • 169

- **10강** 모의수업① ········· 171
- **11강** 모의수업② ········· 189
- **12강** 모의수업③ ········· 205
- **13강** 모의수업④ ········· 221
- **14강** 모의수업⑤ ········· 237

5부 강의실습 • 247

- **15강** 강의실습 ········· 249

참고문헌 • 259

부록 • 263

1. 한국어 표준교육과정 ········· 264
2. 국제 통용 한국어 표준 문법 목록 ········· 272
3. 주요 대학 한국어교육 기관 교재 문법 목록 ········· 284
4. 지필평가 및 토론 자료 ········· 306
5. 비대면 수업을 위한 준비 ········· 309

1부 이론 수업

1강

이론 수업①: 한국어교육 실습 개요

학습 목표

- 한국어교육 실습의 목적을 이해한다.
- 한국어교육 실습 관련 기본 용어를 이해한다.
- 학위 과정과 비학위 과정의 운영 기준을 이해한다.
- 국립국어원의 각종 서식 양식을 이해한다.

한국어교육 실습의 목적

한국어교육 실습 교과목은 한국어 교원 자격증의 필수 교과목으로 학위과정(학부, 대학원)에서는 2~3학점을 반드시 이수해야 한다. 한국어교육 현장 실습을 통해 한국어 교수 능력뿐만 아니라 교실 운영 및 교육 행정 등 한국어교육 현장에 대한 이해를 높이는 것을 목적으로 한다.

한국어교육 실습은 국어기본법의 5영역 필수과목으로 다음과 같은 다양한 이름으로 교과목이 개설되어 있다.

> 외국어로서의 한국어교육 실습, 한국어교육 참관 및 모의수업,
> 한국어수업 참관 및 현장실습, 한국어 수업참관 및 교육실습, 모의수업,
> 한국어 강의 참관 및 실습, 강의실습, 한국어교육 실습과 참관,
> 한국어교육 모의수업, 한국어교육 강의실습,
> 외국인을 위한 국내 한국어수업참관 및 수업실습,
> 국내 한국어 수업참관 및 수업실습, 한국어교육 단기 인턴십Ⅰ·Ⅱ(국내),
> 한국어교육 장기 인턴십Ⅰ·Ⅱ(국내), 한국어교육 중기 인턴십Ⅰ·Ⅱ(국내),
> 한국어교육 단기 인턴십Ⅰ·Ⅱ(국외), 한국어교육 장기 인턴십Ⅰ·Ⅱ(국외),
> 한국어교육 중기 인턴십Ⅰ·Ⅱ(국외), 한국어교육 수업 심화실습,
> 한국어교육 실습과 교실운영, 한국어교육 실습 워크숍,
> 한국어교육 실습 및 현장연구

용어 정의

○ 실습 교과목

국어기본법 시행령 제13조의2 별표1 및 같은 법 시행규칙 제2조 별표1에 따른 한국어교육을 실제로 하거나 실제 한국어교육 현장을 참관하는 등 한국어교육 실습을 하는 내용으로 이루어지는 교과목을 말한다.

한국어교원 자격 취득에 필요한 영역별 필수이수학점 및 필수이수시간
(제13조 제1항 관련)

번호	영역	과목 예시	대학의 영역별 필수이수학점		대학원의 영역별 필수이수학점	한국어교원 양성과정 필수이수시간
			주전공 또는 복수전공	부전공		
1	한국어학	국어학 개론, 한국어 음운론, 한국어 문법론, 한국어 어휘론, 한국어 의미론, 한국어 화용론(話用論), 한국어사, 한국어 어문규범 등	6학점	3학점	3~4 학점	30시간
2	일반 언어학 및 응용 언어학	응용 언어학, 언어학 개론, 대조 언어학, 사회 언어학, 심리 언어학, 외국어 습득론 등	6학점	3학점		12시간
3	외국어로서의 한국어 교육론	한국어 교육 개론, 한국어 교육과정론, 한국어 평가론, 언어 교수 이론, 한국어 표현 교육법(말하기, 쓰기), 한국어 이해 교육법(듣기, 읽기), 한국어 발음 교육론, 한국어 문법 교육론, 한국어 어휘 교육론, 한국어 교재론, 한국 문화 교육론, 한국어 한자 교육론, 한국어 교육 정책론, 한국어 번역론 등	24학점	9학점	9~10 학점	46시간
4	한국 문화	한국 민속학, 한국의 현대 문화, 한국의 전통문화, 한국 문학 개론, 전통문화 현장 실습, 한국 현대 문화 비평, 현대 한국 사회, 한국 문학의 이해 등	6학점	3학점	2~3 학점	12시간
5	한국어 교육 실습	강의 참관, 모의 수업, 강의 실습 등	3학점	3학점	2~3 학점	20시간
	합계		45학점	21학점	18학점	120시간

※ 한국어교원 자격의 취득에 필요한 영역별 과목의 적합 여부, 필수이수학점 및 필수이수시간에 대한 세부 심사기준은 문화체육관광부령으로 정한다.

한국어교원 자격 취득에 필요한 영역별 과목 등에 대한 세부 심사기준(제2조 관련)

번호	영역	세부 심사기준
1	한국어학	한국어의 다양한 특징과 현상, 한국어의 음운 · 문법 · 어휘 · 의미 · 화용 · 역사 · 어문규범 등의 내용으로 주로 이루어지는 것
2	일반언어학 및 응용언어학	일반 언어의 보편적인 구조와 특징, 음운 · 문법 · 어휘 · 의미 · 화용 · 역사 등의 일반언어학 하위 분야 내용 또는 일반언어학의 연구 결과를 실용적인 문제에 적용하는 응용언어학 하위 분야 내용으로 주로 이루어지는 것
3	외국어로서의 한국어 교육론	외국어로서의 한국어 교육에 활용할 수 있는 외국어로서의 한국어 교수법 전반에 해당되는 내용, 한국어의 음운 · 문법 · 어휘 · 의미 · 화용 · 역사 · 어문규범 등의 교육방법에 대한 내용으로 주로 이루어지는 것
4	한국문화	한국어교육에 필요한 한국의 역사 · 민속 · 철학 · 정치 · 경제 · 사회 · 지리 · 예술 등의 내용으로 주로 이루어지는 것
5	한국어교육 실습	한국어교육을 실제로 하거나 실제 한국어교육 현장을 참관하는 등 한국어교육 실습을 하는 내용으로 이루어지는 것

1. 영역별 과목의 적합 여부에 대한 세부 심사기준
2. 대학 또는 대학원의 영역별 필수이수학점의 세부 심사기준 영역별 필수이수학점은 학사, 석사 또는 박사 과정별로 각각 분리하여 적용한다.
3. 한국어교원 양성과정 필수이수시간의 세부 심사기준

   가. 강의시간은 50분을 한국어교원 양성과정 필수이수시간의 1시간 단위로 한다. 다만, 원격교육(방송 · 통신 · 인터넷 등에 의하여 원격으로 교육을 하는 것을 말한다) 방법에 따른 강의시간은 과목의 내용에 대한 강의로 구성된 25분을 한국어교원 양성과정 필수이수시간의 1시간 단위로 한다.
   나. 최초 수업일부터 만 2년 이내에 모든 과정을 수료해야 한다.

○ 한국어교육경력 인정 기관

국어기본법 시행령 제13조제2항의 규정에 의한 한국어교육경력이 인정되는 기관 또는 단체를 말한다.

1. 외국어로서의 한국어 강의가 개설된 국내 대학 및 대학 부설기관, 국내 대학에 준하는 외국의 대학 및 대학 부설기관
2. 외국어로서의 한국어 수업이 개설된 국내외 초·중·고등학교
3. 외국어로서의 한국어를 가르치는 국가, 지방자치단체 또는 외국 정부기관
4. 「재한외국인 처우 기본법」제21조에 따라 외국인정책에 관한 사업을 위탁받은 비영리법인 또는 비영리단체
5. 「외교부와 그 소속기관 직제」제55조에 따른 문화원 및 「재외국민의 교육지원 등에 관한 법률」제28조에 따른 한국교육원
6. 그 밖에 문화체육관광부장관이 문화체육관광부령으로 정하는 바에 따라 한국어교육경력이 인정되는 기관 등으로 정하여 고시하는 기관 등

〈문화체육관광부 고시 제2017-32호〉
1. 세종학당재단이 지정한 세종학당
2. 다음의 어느 하나에 해당하는 외국인력지원센터
   가. 한국산업인력공단으로부터 위탁을 받아 운영하는 외국인력지원센터
   나. 지방자치단체의 장으로부터 위탁을 받아 운영하는 외국인력지원센터
   다. 「비영리민간단체지원법」제4조 제1항에 따라 등록한 비영리민간단체가 운영하는 외국인력지원센터
3. 「다문화가족지원법」제12조 제1항에 따라 지정받은 다문화가족지원센터
4. 초·중등교육법 제60조의 2에 따른 외국인학교와 제60조의 3에 따른 대안학교
5. 국내외 기관에 한국어교육 프로그램의 운영을 위탁하거나 한국어 교원을 파견하는 '공공기관의 운영에 관한 법률 제4조 제1항 각 호에 따른 공공기관'

○ 수강생

대학 등에서 한국어교육 실습 교과목을 수강하며 한국어교육 실습 기관 등에서 실습을 신청·수행하는 학생을 말한다.

○ 대학 등

국어기본법 제13조의2에 따른 한국어교육 분야를 학위과정으로 운영하거나 운영하려는 대학(원), 학점은행제 기관과 한국어교원 양성과정을 운영하거나 운영하려는 기관을 말한다.

○ 한국어 학습자

모어를 한국어로 사용하지 않는 사람으로 한국어를 배우고 있거나, 배우려는 사람을 말한다.

○ 한국어교육 실습 과목 담당교수

한국어교육 실습 과목 담당교수란 대학 등에서 한국어교육 실습 교과목을 담당하고 수강생을 관리하는 교·강사를 말한다.

○ 현장 실습 지도자

한국어교육경력 인정 기관 등에서 한국어 학습자들을 대상으로 한국어 강의를 하고 있는 교·강사 중 한국어교육 실습 수강생의 현장 실습을 지도하는 교·강사를 말한다.

○ 현장실습협약

현장실습협약(이하 "협약"이라 한다)이란 대학 등과 실습기관이 현장 실습(강의참관, 강의실습) 운영에 관하여 약정하는 행위를 말한다.

교과목 개설 기준

1) 정규 교과목 운영

실습 교과목은 정규 교과목으로 운영하여야 한다.

학부/대학원	3학점 또는 2학점
학점은행제	3학점(75시간)
비학위과정	20시간

2) 교과목 담당 교·강사 자격 요건

한국어교육 전공 석사학위 이상의 소지자로서 한국어교육 경력[1] 5년 이상이며, 강의 경력이 2,000시간 이상인 자

관련 분야(국어국문학과, 국어교육학, 언어학, 외국어교육 등) 박사학위 소지자 또는 박사과정 수료자로서 한국어교육 경력 5년 이상이고, 강의 경력이 2,000시간 이상이며 한국어교원 자격증을 소지한 자

3) 수업과정 편성

실습 교과목의 교과과정은 각 기관의 운영 규정에 따라 운영할 수 있으나 실습 수업 시 강의실습 또는 현장 강의참관을 필수적으로 포함하여 운영해야 하며, 실습 세미나, 실습 최종평가회 등도 실시할 수 있다.

---

1) 한국어교육 경력은 한국어 교육기관에서 한국어 학습자를 대상으로 가르친 한국어 강의 경력과 학부/대학원에서 한국어 학습자를 대상으로 한국어 강의를 한 경력을 말한다. 한국어교육 전공 석사학위 취득 후 또는 관련 분야 박사과정 수료 후 강의한 한국어교육경력만 인정된다.

실습 교과목 구성 및 운영기준

1) 구성

실습 교과목을 구성하는 운영 방식은 이론 수업, 강의참관, 모의수업, 강의실습으로 한다.

실습 교과목의 구성 중 실제 한국어교육 현장 경험(강의실습이나 현장 강의참관)은 필수로 운영해야 한다.

실제 한국어교육 현장 경험(강의실습 또는 현장 강의참관)은 전체 실습 교과목 운영 시간 중 대학, 대학원, 학점은행제는 5분의 1 이상, 비학위과정은 4시간 이상으로 실시하도록 한다.

(1) 강의참관

강의참관은 실습 교과목 수강생이 한국어교육 경력 인정 기관 등에서 운영하고 있는 한국어 학습자를 대상으로 하는 한국어 수업을 관찰·분석하는 교과 내용을 말한다.

수강생은 실습 교과목 담당교수에게 강의참관 일지 또는 참관 결과보고서 중 하나를 반드시 제출해야 한다.

- 강의참관 일지에는 참관 장소, 참관 일자, 참관 내용, 참관을 지도하는 교수(교사)명 등이 반드시 기재되어야 한다.
- 참관 결과보고서에는 참관 장소, 참관 기간, 참관 횟수, 총 참관 시수, 참관 개요 등이 기재되어야 한다.

강의참관 인원은 참관 대상 학습자들에게 피해가 되지 않도록 참관 교실 크기와 학습자 수를 고려하여 결정하되, 5명을 넘지 않도록 한다. 강의참관 시 한국어 학습자 수준은 초급, 중급, 고급을 골고루 참관할 수 있게 한다.

(2) 모의수업

모의수업은 수강생 모두가 담당교수의 참관 하에 한국어 학습자 또는 동료 수강생을 대상으로 직접 수업을 진행하는 것을 말한다.

모의수업 시간은 30분 내외로 이루어지도록 하며 반드시 담당교수의 지도와 평가가 있어야 한다.

> • 전체 모의수업 시수의 3분의 1 이상은 반드시 모의수업에 대한 담당교수의 피드백을 포함해야 한다.

(3) 강의실습

강의실습은 실습생 모두가 한국어교육경력 인정 기관 등에서 수강하고 있는 한국어 학습자를 대상으로 직접 강의를 시행하는 것을 말한다.

강의실습에서 담당교수 또는 현장 실습 지도자의 지도와 평가가 반드시 있어야 하고 수강생은 실습한 기관에서 실습 확인서를 발급받아 교과목 담당교수에게 제출하도록 한다.

실습생은 실습기관의 실습 지도 사항에 따라 성실하게 실습을 수행하고 실습 교과목 담당교수에게 실습일지 또는 강의실습 보고서 중 하나를 반드시 제출해야 한다.

> • 실습일지에는 실습 장소, 실습 횟수, 실습 내용 및 자기평가 등이 기재되어야 한다.
> • 강의실습 보고서에는 실습 장소, 실습 기간, 실습 횟수, 총 실습 시수, 실습 개요 등이 기재되어야 한다.

실습일지 또는 강의실습 보고서를 작성한 후 현장 실습 지도자의 확인을 반드시 받아야 한다.

강의실습 시간은 실습 기관에서 운영하는 한 차시 수업 시간 동안 이루어지도록 한다.

2) 수강 자격

실습 교과목 운영기관은 교육 실습 취지를 고려하여 실습 교과목을 수강하려는 학생들이 필수이수영역의 일정 부분을 이수한 후에 수강하도록 지도하여야 한다.

학위과정	학부	한국어학 영역, 외국어로서의 한국어교육론 영역을 합하여 아래 제시된 학점 이상을 이수한 학생 가. 주전공자나 복수전공자: 24학점 이상 이수한 학생 나. 부전공 이수자: 12학점 이상 이수한 학생
	대학원	한국어학 영역, 일반언어학 및 응용언어학 영역, 외국어로서의 한국어교육론 영역 중 합하여 8학점 이상 이수한 학생
	학점은행제	한국어학 영역, 외국어로서의 한국어교육론 영역을 합하여 24학점 이상을 이수한 학생
비학위과정	양성과정	한국어학 영역, 외국어로서의 한국어교육론 영역을 합하여 60시간 이상 이수한 학생

3) 구성원별 역할

(1) 한국어교원 양성 기관

국어기본법 제13조의 2에 따른 한국어교육 분야를 학위과정으로 운영하거나 운영하려는 기관(대학/대학원, 학점은행제) 또는 비학위과정으로 한국어교원 양성과정을 운영하거나 운영하려는 기관은 아래에 제시된 역할을 수행해야 한다.

주요 역할은 다음과 같다.

- 실습 기관 및 학생의 참여 신청·접수 관리 및 선정
- 실습 교과목 사전 교육(실습 오리엔테이션 등)
- 실습 기관과의 협약 체결
- 학생 평가 및 학점 인정 처리
- 실습 기관 및 학생에 대한 실습 운영 실태 점검 및 지도

내용	서식
협약	양식 1 　현장 실습 협약서(기관용)
현장 실습 의뢰	양식 2 　실습 의뢰서 양식 3 　현장 실습 지도 관리부
실습 교과목 평가	양식 9 　실습생 평가서 양식 10 　한국어교육 현장 실습 평가서 관리부

- 현장 실습 협약서(기관용)는 대학 등과 실습 기관(한국어교육경력 인정 기관 등)이 현장 실습 운영에 관하여 기관 대 기관이 약정하는 문서를 말한다.
- 실습 교과목 평가에 해당되는 실습생 평가서 또는 한국어교육 현장 실습 평가서를 참조하여 수강생의 한국어교육 실습 교과목 최종 평가에 반영한다.

(2) 실습생

실습생의 주요 역할은 다음과 같다.

- 현장 실습 절차에 따른 참여 신청 및 관련 서류 제출
- 성실한 실습 수행과 관련된 수행 결과 제출
- 강의참관 후 강의참관 일지 또는 강의참관 보고서 중 하나는 반드시 작성하여 제출한다.
- 강의실습 후 강의실습 일지 또는 강의실습 보고서 중 하나는 반드시 작성하여 제출한다.

내용	서식
실습 수행	양식 5 　강의참관 일지 또는 강의참관 보고서 양식 6 　강의실습 일지 또는 강의실습 보고서

(3) 실습 기관

실습 기관의 주요 역할은 다음과 같다.

- 한국어교육 현장 실무 능력 배양을 위한 실습 계획(실습생 지원 계획) 수립
- 실습생의 지도, 출결 관리, 교육, 평가 실시
- 양식 4 한국어교육 현장 실습 확인서를 반드시 실습생에게 발급해야 한다.
- 실습 기관에서는 실습 교과목 평가 양식(양식 9 , 양식 10)을 작성하여 관리한다.

내용	서식
실습 교과목 평가	양식 9 실습생 평가서
	양식 10 한국어교육 현장 실습 평가서 관리부
실습 결과 확인	양식 4 한국어교육 현장 실습 확인서(기관용)

4) 현장 실습

(1) 실습생

실습생은 실습 기관의 실습 지도 사항에 따라 성실하게 실습을 수행하고, 실습 내용 및 수행 과정을 강의참관 일지 또는 강의참관 보고서, 강의실습 일지 또는 강의실습 보고서에 작성해야 한다.

(2) 실습 기관

실습 기관은 수강생을 대상으로 수립하였던 실습 계획에 따라 실습을 운영한다.

실습 기관은 실습생을 지도·관리하는 현장 실습 지도자를 다음 중 하나에 해당하는 자로 선정하여 실습생 관리 및 실습 지도 등을 실시한다.

가. 한국어교원 1급 자격증 소지자

나. 한국어교원 2급 자격증을 보유하고 한국어교육경력 3년 이상인 자

다. 한국어교원 3급 자격증을 보유하고 한국어교육경력 5년 이상인 자

　　※ 한국어교원 자격증 취득 후 강의한 한국어교육경력만 인정됨.

실습 기관은 다음과 같은 현장 실습의 목적과 목표에 기반을 두어 현장 실습 내용을 구성한다.

[현장 실습의 목적]
- 실천적 경험을 통해 교과에서 습득한 한국어교육 지식, 기술, 태도를 통합적으로 체화함으로써 한국어교육 현장 전문성 향상

[현장 실습의 목표]
- 양성기관에서 배운 한국어교육 관련 이론을 실습 현장에 적용 및 실천
- 한국어교원에게 요구되는 전문적인 지식, 기술 및 올바른 태도와 자질 함양
- 실습 현장의 조직 내 인간관계가 갖는 역동성 이해
- 다양한 이해관계자의 요구를 이해할 수 있는 능력 함양
- 한국어교육 현장에 따른 구체적인 직무를 이해하고, 수행 방법 습득
- 실습생 자신의 직업적 적성을 확인하고 구체적인 경력 개발 계획 수립의 기회 제공

- 동일 시간대를 기준으로 하여 현장 실습 지도자는 1인당 실습생을 5명 내에서 지도·관리한다.
- 실습 기관은 수강생들에게 양식 4 한국어교육 현장 실습 확인서(실습 시수 등이 기재된 것)를 발급받을 수 있도록 편의를 제공한다.
- 현장 실습 지도자는 실습생이 제출한 강의실습 일지 또는 강의실습 보고서를 검토하고 실습생의 실습 수행에 대해 의견과 평가를 양식 9 실습생 평가서에 기록한다.

3) 평가 및 학점 인정

(1) 실습 기관 평가

현장 실습 지도자는 실습생의 현장 실습이 종료되면 `양식 9` 실습생 평가서 또는 `양식 10` 한국어교육 현장 실습 평가서 관리부를 참조하여 항목에 맞게 평가를 실시한다.

실습 기관은 실습생의 평가서와 `양식 4` 한국어교육 현장 실습 확인서를 함께 교육기관으로 제출한다.

(2) 교육기관 평가 및 학점 인정

성적은 다음의 사항을 고려하여 각 교육기관의 운영 규정에 따라 산출 및 부여한다.

- 실습 교과목 수업 참여도, 실습 교과목 실시 내용 등

학점은 각 기관의 학점 인정 기준에 따라 부여한다.

4) 자료 보관

양성기관은 다음의 자료를 전자 문서화하여 실습생의 현장 실습이 종료된 날로부터 3년간 보관한다. 단, 현장 실습 수행 증빙 자료는 원본으로 5년간 보관한다.

- 실습 과목 운영 관련 증빙 자료: 오리엔테이션·실습 세미나·실습 평가회 수업 운영 자료(운영 규정, 출석부 등), 현장 실습 지도 관리부
- 실습 의뢰 관련 증빙 자료: 협약서(또는 공문, 실습 의뢰서 등 협약 관련 서류)
- 현장 실습 수행 증빙 자료: 실습 관련 보고서, 실습 평가서, 실습 확인서

기관별 주요 운영 기준

1) 학위과정: 학부 · 대학원 · 학점은행제

이론 수업	• 이론수업은 실습 교과목의 목적과 직접적으로 관련된 내용으로 한국어교육 현장에서 한국어 수업을 설계하고 교수하는 데 기본이 되는 교육 이론 및 원리를 말한다. • 이론수업의 내용은 '한국어교육 실습의 의의 및 목표', '한국어교사로서의 자질과 역할', '교수 설계 및 한국어 수업 교실 운영', '강의참관 및 강의실습에 대한 사전 준비 안내 및 사후 평가 보고' 등을 주 내용으로 포함하도록 한다. • 이론수업은 기관의 특성에 따라 온라인 · 온오프라인 병행으로 운영할 수 있다. • 이론수업은 전체 실습 교과목 강의 시간의 5분의 1 이하로 운영해야 한다.
강의 참관	• 강의참관은 현장 강의참관을 원칙으로 한다. • 현장 강의참관을 하지 않을 경우, 강의실습을 5분의 1 이상 구성하여 수강생이 실제 한국어교육 현장 경험을 할 수 있도록 해야 한다.

모의 수업	• 모의수업은 담당교수의 지도하에 오프라인으로 실시함을 원칙으로 하며, 반드시 담당교수의 지도와 평가가 있어야 한다. 또한 동료 수강생의 모의수업도 볼 수 있는 기회를 제공해야 한다.
	  – 사이버 대학(원)이나 학점은행제에서는 각 지역별로 학생들을 모아 별도로 모의수업을 진행 할 수 있다.
	• 단, 학위과정(사이버 대학(원), 학점은행제)에서는 국외 거주 온라인 수강생에 한해 담당교수가 현장에 부재할 경우 (가), (나) 중에서 대체하여 운영할 수 있다.
	  (가) 담당교수와 실시간 화상 온라인으로 모의수업을 진행한다.
	  (나) 외국인 한국어 학습자를 대상으로 모의수업을 진행하고 모의수업 현장을 촬영하여 담당교수에게 제출한다. 이때 영상 화면에는 교사의 교수 활동과 학습자의 학습 활동이 모두 포함되어 있어야 한다.

강의 실습	• 강의실습은 담당교수(실습 기관의 현장 실습 지도자 인정)의 지도하에 오프라인으로 실시해야 하며, 반드시 담당교수의 지도와 평가가 있어야 한다. • 현장 교육기관의 강의실습을 하지 않을 경우, 현장 강의참관을 5분의 1 이상 구성하여 수강생이 실제 한국어교육 현장 경험을 할 수 있도록 해야 한다.
수강 자격 및 정원	• 수강 정원은 30명 이하로 한다. 30명을 초과하면 분반으로 운영한다.

학점은행제의 경우, 교육 훈련기관에서 평가 인정받고자 하는 학습 과정은 표준 교육과정에서 정한 학습 과정에 한하며 내용은 표준 교육과정에서 정하는 학습 과정별 교수요목의 내용에 부합하여야 한다. 또한 평가 인정 신청 학습 과정 수업 시간은 학점은행제 표준 교육과정 수업 시간에 부합하여야 한다.

단, 한국어교육 실습 교과목 운영 지침은 국립국어원 지침(안)을 따라야 한다.

2) 비학위과정: 양성과정

강의 참관	• 강의참관은 현장 강의참관을 원칙으로 한다. • 현장 강의참관을 하지 않을 경우, 강의실습을 5분의 1이상 구성하여 수강생이 실제 한국어교육 현장 경험을 할 수 있도록 해야 한다.
모의 수업	• 모의수업은 담당교수의 지도하에 오프라인으로 실시함을 원칙으로 하며, 반드시 담당교수의 지도와 평가가 있어야 한다. 또한 동료 수강생의 모의수업도 볼 수 있는 기회를 제공해야 한다. • 단, 국외 거주 온라인 수강생에 한해 담당교수가 현장에 부재할 경우 (가), (나) 중에서 대체하여 운영할 수 있다. (가) 담당교수와 실시간 화상 온라인으로 모의수업을 진행한다. (나) 외국인 한국어 학습자를 대상으로 모의수업을 진행하고 모의수업 현장을 촬영하여 담당교수에게 제출한다. 이때 영상 화면에는 교사의 교수 활동과 학습자의 학습 활동이 모두 포함되어 있어야 한다.
강의 실습	• 강의실습은 담당교수(실습 기관의 현장 실습 지도자 인정)의 지도하에 오프라인으로 실시해야 하며, 반드시 담당교수의 지도와 평가가 있어야 한다. • 현장 교육기관의 강의실습을 하지 않을 경우, 현장 강의참관을 5분의 1 이상 구성하여 수강생이 실제 한국어교육 현장 경험을 할 수 있도록 해야 한다.
수강 자격 및 정원	• 수강 정원은 30명 이하로 한다. 30명을 초과하면 분반으로 운영한다.

양식 1 현장 실습 협약서

현장 실습 협약서(예시)

○○○○(이하 "갑"이라 한다)과 ○○대학교(이하 "을"이라 한다)는 "을"소속 학생들(이하 "실습생"이라 한다)의 진로 선택에 도움을 주고, 한국어교육 현장에서 요구하는 전문 지식과 경험 습득을 목적으로 하는 현장 실습(이하 "현장 실습"이라 한다) 운영과 관련된 지침을 준수하고, 상호간의 운영에 필요한 사항을 이행하기 위하여 다음과 같이 협약을 체결한다.

제1조 (현장 실습 운영 기준)
① 현장 실습은 최소 ○주간, ○○일(○○시간) 이상 실시하여야 한다.
② 현장 실습은 통상 근로시간 내 운영하되, 현장 실습 기관의 특성 및 실습생의 상황(직장인 등)을 고려하여 야간 및 주말 시간을 이용한 현장 실습도 운영할 수 있다.

제2조 ("갑"의 현장 실습 운영)
① "갑"은 현장 실습이 내실 있게 실시될 수 있도록 하기 위하여 실습생의 희망 진출 분야 및 진로를 고려하여 배치함으로써 다양하고 폭넓은 현장 경험을 쌓을 수 있도록 최선의 기회를 제공한다.
② "갑"은 현장 실습을 지도할 담당자를 배치하여 실습생이 성실히 현장 실습을 수행할 수 있도록 지도하고 실습생에 대한 출결 관리 및 평가를 실시한다.

제3조 ("을"의 현장 실습 운영)
① "을"은 현장 실습 운영 계획 및 일정 수립 후 "갑"과 실습생에 대한 안내 및 홍보를 실시한다.
② "을"은 "갑"으로부터 현장 실습 운영에 필요한 모집 인원, 실습 기간 등의 신청서를 접수, 검토 후 실습생 지원 및 모집에 관한 업무를 실시한다.
③ "을"은 "갑"의 실습생 선발에 필요한 정보 및 업무 지원을 실시한다.
④ "을"은 선발된 실습생을 대상으로 다음 각 호의 사항이 준수될 수 있도록 사전 교육을 실시한다.
  1. 실습생은 실습 기간 동안 주어진 과제를 성실하게 수행한다.
  2. 실습생은 실습 기간 동안 "갑"의 사규 등 제반 수칙을 준수한다.
  3. 실습생은 실습을 위한 기계, 공구, 기타 장비가 파손되거나 분실되지 않도록 주의한다.
  4. 실습생은 실습 과정에서 알게 된 "갑"의 기밀 사항을 누설하지 아니한다.
⑤ "을"은 현장 실습 중 "갑"의 현장 방문을 통하여 "갑"과 실습생의 건의사항 및 애로 사항이 개선될 수 있도록 조치를 취한다.

⑥ "을"은 "을"의 현장 실습 관련 규정에 따라 현장 실습 종료 후 "갑"과 실습생의 제출 서류 검토 후 실습생에 대한 학점 인정 절차를 실시한다.

제4조 (현장 실습 시간 및 장소)
① 실습 시간은 "갑"의 근로시간을 기준하여 1일 4시간 실습하는 것을 권장하되, 식사 시간은 총 실습 시간에서 제외한다.
② 실습 장소는 "갑"의 사업장 또는 사업과 관련된 장소로 하고, 실습생의 보건·위생 및 산업재해 등으로부터 안전한 장소로 지정토록 "갑"과 "을"이 협의한다.

제5조 (실습비 및 실습 지원비)
① "갑"은 실습 지도에 소요되는 기본 경비 등을 위해 "을"과 협의하여 실습비를 받을 수 있다.
② "갑"은 실습생에게 숙식비, 교통비, 실습 보조금 등의 실습 지원비를 별도로 정하여 지원할 수 있으며, 지원할 경우 "을"과 협의하여 지급한다.

제6조 (보험가입) "을"은 현장실습 기간 동안 실습과 관련하여 실습생에게 발생할 수 있는 상해에 대비한 보험에 가입하여야 한다. 이와 별도로 "갑"은 "갑"의 필요에 따른 보험을 가입할 수 있다.

제7조 (협약의 효력 및 기간) 본 협약의 효력은 협약 체결일로부터 발생하며 협약 기간은 협약 체결일로부터 1년으로 한다. 단, "갑" 또는 "을" 중 이의를 제기하지 않을 경우 자동 갱신되는 것으로 한다.

제8조 (기타) 본 협약에 명기되지 아니한 세부 사항에 대해서는 당사자 간 협의하여 별도로 정한다.

　본 협약의 성립을 증명하기 위하여 협약서 2부를 작성, "갑"과 "을"은 각각 서명 날인 후 1부씩 보관한다.

20　년　　　월　　　일

"갑"	"을"
기 관 명 : ○ ○ ○ ○	기 관 명 : ○ ○ 대 학 교
주　　소 :	주　　소 :
대 표 자 :　　　　㊞	대 표 자 :　　　　㊞

양식 2 실습 의뢰서

<h2 style="text-align:center;">실 습 의 뢰 서</h2>

수 신 :

참 조 :

제 목 :

---

    1. 항상 한국어교육 현장 실습을 위해 애써 주시는 귀 기관에 감사드리며 귀 기관의 무궁한 발전을 기원합니다.

    2. 『한국어교육실습』과목을 수강하는 아래 학생의 현장 실습을 귀 기관으로 요청하오니 협조하여 주시기 바랍니다.

- 다 음 -

실습생 성명	생년월일	학과/전공	학년/학기

○ ○ 기관장

담당자 000　　　　　　　　　　　　　　학과장 000

시행 000-000(0000(년)00(월)00(일))　　접수 0000-0000(0000.00.00.)

주소:

전화:　　　　　　　/ 전자 우편(E-mail):

양식 3 현장 실습 지도 관리부

현장 실습 지도 관리부

실습생 성명	교육기관명	전공/학과	학번	학년	실습 교과목 담당교수	실습 기간	실습 장소	실습 내용

양식 4 한국어교육 현장 실습 확인서

한국어교육 현장 실습 확인서

실습생 정보		성 명		생년월일	
		학교/학과명		실습 담당 교수명	
		실습 기간	년 월 일부터 ~ 년 월 일까지(총 일)		
		실습 시간	총 시간 (매주 요일부터 ~ 요일까지)		
실습 기관 정보	실습 기관	기관명		기관 유형	
		전화번호		실습 운영 부서	
		주 소			
	현장 실습 지도자	성명		한국어교원 자격증	급수	
					취득일	
		직위			자격증 번호	

한국어교육 경력	
기관명	기간
	년 월~ 년 월(총 개월)
	년 월~ 년 월(총 개월)
합계	총 개월

위와 같이 실습 내용을 확인합니다.

년 월 일

현장 실습 지도자: (서명 또는 인)

확인자: 소속 직위 (서명 또는 인)

실습 기관의 장 [직인]

1강 이론 수업①: 한국어교육 실습 개요

양식 5 강의참관 일지

강의참관 일지

참관일	년 월 일(요일)			현장 실습 지도자 확인	(서명 또는 인)
	일시	참관 시간	참관 급수	강의 교수	참관 장소

참관 내용	※ 참관 일정에 따른 시간 순으로, 주요 활동 내용을 기술 ※ 프로그램 참관(보조진행) 시, 단순히 '000프로그램 참관'이 아닌, 프로그램의 목적, 주요 내용, 강의자의 수업 자료 및 진행 방법 등을 수업 절차에 따라 자세히 기록
참관 소감	

양식 6 강의실습 일지

강의실습 일지

실습일	년 월 일(요일)		현장 실습 지도자 확인	(서명 또는 인)
실습 시간	일시	시간	급수	장소
실습 일정	실습 활동 내용			비고
	09:00 ~ 09:50			
실습 내용	※ 실습 일정에 따른 업무명 순으로, 주요 활동 내용을 기술 ※ 실습 지도가 가능하도록 구체적, 객관적으로 기술(실습 일지는 개인 일기가 아니므로, 실습 일과에 대한 개인의 감정, 의견, 느낌 등은 가능한 한 피해야 함.)			
실습 소감 및 자기평가 (협의 사항 포함)				
현장 실습 지도자 의견				

양식 7 실습 의뢰 결과 회보서

실습 의뢰 결과 회보서

1. 실습 의뢰 결과
☐ 수락합니다(수락시 하단의 내용 기재)   ☐ 거절합니다

2. 실습 기본사항

① 실습 기관 정보

기 관 명		기관 유형	
전화번호		실습 운영 부서	
주 소			

② 현장 실습 지도자 정보

성 명		한국어교원 자격증	급 수	
생년월일			취 득 일	
직 위			자격증 번호	

한국어교육 경력			
기관명	소속 부서	경력 기간(년 월)	담당 업무
		년 월~ 년 월(총 개월)	
		년 월~ 년 월(총 개월)	
합계		총 개월	

③ 요청사항

필요 서류	
실습비	원(실습 개시일 납부 요망)
참고 사항	

상기 내용으로 귀 기관에서 의뢰한 현장 실습 의뢰 결과를 회보합니다.

실습 기관의 장   [직인]

※ [붙임] 한국어 교육기관 증빙서류 1부.

양식 8 실습 지도 기록서

실습 지도 기록서

주차	현장실습 지도자 의견
1주차	※ 실습생의 강점 및 개선점에 대한 의견 제시 ※ 실습 내용에 대한 피드백 등을 주차별로 작성
2주차	
3주차	
4주차	

현장 실습 지도자 :　　　　　(서명 또는 인)

양식 9 실습생 평가서

실습생 평가서

실습생 성명		생년월일		
양성기관명		현장 실습 지도자		(서명 또는 인)

평가 영역(배점)		평가 항목	배점	점수
근무 태도	근무 사항	· 출석, 결석, 지각, 조퇴 등		
	태도	· 성실성, 근면성, 친절성, 적극성, 예절 등		
자질	목표 설정 및 계획 수립	· 실습 목표 설정 · 실습 세부 계획 수립 등		
	가치관	· 한국어교육에 대한 가치관 및 신념 · 실습생으로서의 자세와 역할 등		
	관계 형성	· 기관 내 직원들과의 협조적인 대인관계 · 동료 실습생과의 관계		
학습 지도 능력				
총 점			100	

양식 10 한국어교육 현장 실습 평가서 관리부

한국어교육 현장 실습 평가서 관리부

1. 실습 기관명:

2. 실습 기간: 년   월   일 ~   년   월   일(주, 총   시간)

3. 현장 실습 지도자

직명	성명	담당	내용	비고
(소속부서명 포함 기재)		(담당업무 기재)	(주요업무 상세 기재)	(한국어교원 자격 소지 사항 및 한국어교육 경력 기재)

4. 실습 내용

제 1 주	제 2 주	제 3 주	제 4 주

5. 실습 상황

실습생 성명	학과명	근무 태도 (10%)	자질 (15%)	학습 지도 능력 (50%)	연구 조사 활동 (15%)	학급 경영 및 사무 처리 능력 (10%)	총평 (100%)	비고

위 사실을 증명함.

　　　　　　　　　　　　　　　　　　　　　　　　년   월   일

　　　　　　　　실습기관의 장　[직인]

2강

이론 수업②: 한국어 교사론

학습 목표

- 한국어교원의 자격 기준을 이해한다.
- 한국어 교사의 역할을 이해한다.
- 언어 교사와 외국어 교사의 역할을 이해한다.
- 한국어교육을 위한 학습 자료에 대해서 알아본다.
- 한국어교육 관련 학회를 알아본다.

1 한국어 교사의 자격 기준

한국어 교사는 다양한 역할을 수행해야 하며 전문성이 요구됨에도 불구하고 과거에는 명확한 자격 기준이 없어 한국어교육 전문가로서의 교육을 받지 않은 비전문가가 한국어교육을 담당하는 경우가 많았다. 그러나 한국어 교사의 전문성에 대한 인식이 높아지고 교사의 질 관리를 위하여 일정한 능력 검증과 자격 기준 제정의 필요성이 강조되면서 한국어 교사의 인증 제도와 관련하여 2001년부터 문화관광부와 한국어세계화재단에서 많은 기초 연구 작업이 이루어졌고, 이를 토대로 2005년 문화관광부에서는 국어 기본법에 한국어 교사자격을 다음과 같이 제시하고 있다. 다음은 국어기본법 시행령 중 한국어교사 자격과 관련된 항목이다.

〈국어 기본법 시행령〉

[제정 2005. 7. 27. 대통령령 제18973호]
[개정 2018. 12. 24. 대통령령 제29421호]

제13조 (한국어교원 자격 부여 등)
① 법 제19조제2항의 규정에 의하여 재외동포나 외국인을 대상으로 국어를 가르치는 자(이하 "한국어교원"이라 한다)의 자격은 다음 각 호와 같다.

1. 한국어교원 1급
   제2호 각 목의 어느 하나에 해당하여 한국어교원 2급 자격을 취득한 후에 제2항에 따른 기관 또는 단체 등에서 5년 이상 근무하면서 총 2천시간 이상 외국어로서의 한국어를 가르친 경력(이하 "한국어교육경력"이라 한다)이 있는 사람

2. 한국어교원 2급
   가. 외국어로서의 한국어교육 분야를 주전공 또는 복수전공으로 하여 별표 1에서 정한 영역별 필수이수학점을 취득한 후 학사 이상의 학위를 취득한 사람. 이 경우 외국 국적을 가진 사람은 문화체육관광부장관이 시험 종류, 시험의 유효기간 및 급수 등을 정하여 고시하는 시험에 합격한 사람일 것

나. 2005년 7월 28일 전에 대학에 입학한 사람으로서 외국어로서의 한국어교육 분야를 주전공 또는 복수전공으로 하여 별표 1 제3호에 따른 영역에 속한 과목과 같은 표 제5호에 따른 영역에 속한 과목을 합산하여 18학점 이상을 이수하되, 같은 표 제3호에 따른 영역에 속한 과목을 2학점 이상 이수한 후 학사 학위를 취득한 사람

다. 2005년 7월 28일 전에 「고등교육법」제29조에 따른 대학원(이하 "대학원"이라 한다)에 입학한 사람으로서 외국어로서의 한국어교육 분야를 전공으로 하여 별표 1 제3호에 따른 영역에 속한 과목과 같은 표 제5호에 따른 영역에 속한 과목을 합산하여 8학점 이상을 이수하되, 같은 표 제3호에 따른 영역에 속한 과목을 2학점 이상 이수한 후 석사 이상의 학위를 취득한 사람

라. 제3호가목 및 다목부터 마목까지의 어느 하나에 해당하여 한국어교원 3급 자격을 취득한 후에 제2항에 따른 기관 또는 단체 등에서 3년 이상 근무한 사람으로서 총 1천200시간 이상의 한국어교육경력이 있는 사람

마. 제3호나목, 바목 및 사목의 어느 하나에 해당하여 한국어교원 3급 자격을 취득한 후에 제2항에 따른 기관 또는 단체 등에서 5년 이상 근무한 사람으로서 총 2천시간 이상의 한국어교육경력이 있는 사람

3. **한국어교원 3급**
    가. 외국어로서의 한국어교육 분야를 부전공으로 하여 별표 1에서 정한 영역별 필수이수학점을 취득한 후 학사 학위를 취득한 사람. 이 경우 외국 국적을 가진 사람은 문화체육관광부장관이 시험 종류, 시험의 유효기간 및 급수 등을 정하여 고시하는 시험에 합격한 사람일 것
    나. 별표 1에서 정한 영역별 필수이수시간을 충족하는 한국어교원 양성과정을 이수한 후 제14조에 따른 한국어교육능력 검정시험에 응시하여 합격한 사람
    다. 2005년 7월 28일 전에 대학에 입학한 사람으로서 외국어로서의 한국어교육 분야를 주전공 또는 복수전공으로 하여 별표 1 제3호에 따른 영역에 속한 과목과 같은 표 제5호에 따른 영역에 속한 과목을 합산하여 10학점 이상 17학점 이하를 이수하되, 같은 표 제3호에 따른 영역에 속한 과목을 2학점 이상 이수한 후 학사 학위를 취득한 사람

라. 2005년 7월 28일 전에 대학원에 입학한 사람으로서 외국어로서의 한국어교육 분야를 전공으로 하여 별표 1 제3호에 따른 영역에 속한 과목과 같은 표 제5호에 따른 영역에 속한 과목을 합산하여 6학점 이상 7학점 이하를 이수하되, 같은 표 제3호에 따른 영역에 속한 과목을 2학점 이상 이수한 후 석사 이상의 학위를 취득한 사람

마. 2005년 7월 28일 전에 대학에 입학한 사람으로서 외국어로서의 한국어교육 분야를 부전공으로 하여 별표 1 제3호에 따른 영역에 속한 과목과 같은 표 제5호에 따른 영역에 속한 과목을 합산하여 10학점 이상 이수하되, 같은 표 제3호에 따른 영역에 속한 과목을 2학점 이상 이수한 후 학사 학위를 취득한 사람

바. 2005년 7월 28일 전에 제2항제1호부터 제3호까지의 규정에 따른 기관 또는 단체 등에서 800시간 이상의 한국어교육경력이 있거나 2005년 7월 28일 전에 「민법」제32조에 따라 문화체육관광부장관의 허가를 받아 설립된 한국어세계화재단에서 실시한 한국어교육 능력을 인증하는 시험에 합격한 사람

사. 2005년 7월 28일 전에 한국어교사를 양성하는 과정을 이수하였거나 2005년 7월 28일 전에 그 과정에 등록하여 2005년 7월 28일 이후에 그 과정을 이수한 사람으로서 2005년 7월 28일 이후에 제14조에 따른 한국어교육능력 검정시험에 합격한 사람

② 제1항에 따른 한국어교원의 자격 취득에 필요한 한국어교육경력이 인정되는 기관 또는 단체 등은 다음 각 호와 같다. 〈개정 2013. 3. 23., 2015. 11. 30.〉

1. 외국어로서의 한국어 강의가 개설된 국내 대학 및 대학 부설기관, 국내 대학에 준하는 외국의 대학 및 대학 부설기관
2. 외국어로서의 한국어 수업이 개설된 국내외 초·중·고등학교
3. 외국어로서의 한국어를 가르치는 국가, 지방자치단체 또는 외국 정부 기관
4. 「재한외국인 처우 기본법」제21조에 따라 외국인정책에 관한 사업을 위탁받은 비영리법인 또는 비영리단체
5. 「외교부와 그 소속기관 직제」제55조에 따른 문화원 및 「재외국민의 교육지원 등에 관한 법률」제28조에 따른 한국교육원

> 6. 그 밖에 문화체육관광부장관이 문화체육관광부령으로 정하는 바에 따라 한국어교육경력이 인정되는 기관 등으로 정하여 고시하는 기관 등
>
> ③ 문화체육관광부장관은 제1항에 따른 한국어교원 자격을 취득하려는 사람에 대하여 그 신청에 따라 자격 충족 여부를 심사하여 그 자격이 있는지를 결정하여야 한다. 〈개정 2015. 11. 30.〉
>
> ④ 문화체육관광부장관은 제3항에 따라 해당 자격을 갖춘 것으로 결정된 사람에게 별지 제3호서식(전자문서를 포함한다)의 한국어교원 자격증을 문화체육관광부령으로 정하는 바에 따라 발급한다. 〈개정 2015. 11. 30., 2017. 9. 19.〉
>
> ⑤ 제1항부터 제4항까지의 규정에 따른 한국어교원 자격의 심사 횟수, 절차, 방법, 그 밖에 필요한 사항은 문화체육관광부령으로 정한다. 〈개정 2015. 11. 30.〉

한국어 교원의 자격은 1급, 2급, 3급으로 나뉘며 대학(원)이나 학점은행제를 통해서 학사학위 이상을 소지하면 문화관광부 장관 명의의 한국어 교원 2급 자격증을 취득하게 된다. 한국어교육 경력 인정 기관 또는 단체에서 경력을 쌓으면 승급할 수 있다. 그리고 한국어 교원 양성 과정 이수하고 한국어교육능력검정 시험(한국산업인력공단 시행)에 합격하면 한국어 교원 3급 자격증을 취득할 수 있다.

학위과정과 양성과정의 유형별 자격 취득 기준과 승급 조건은 다음과 같다.

첫째, 학부, 대학원, 학점은행제의 학위 취득자

1) 주전공, 복수전공 45학점을 이수할 경우

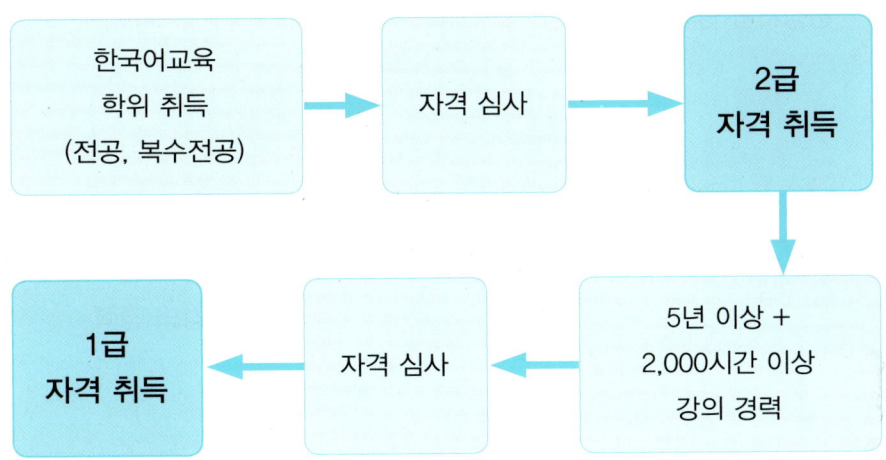

2) 부전공 21학점을 이수할 경우

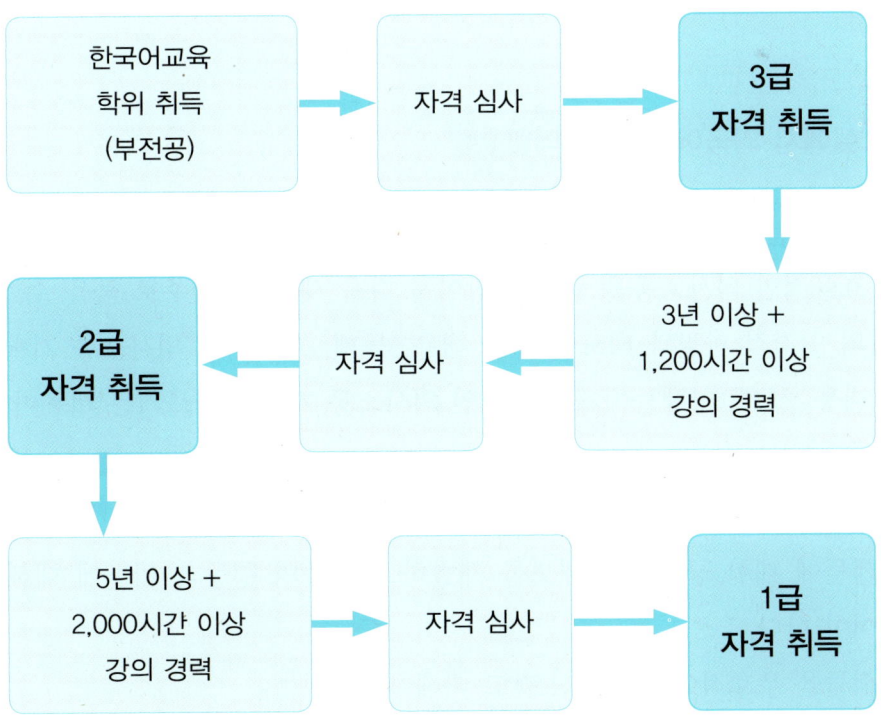

둘째, 양성과정 이수자

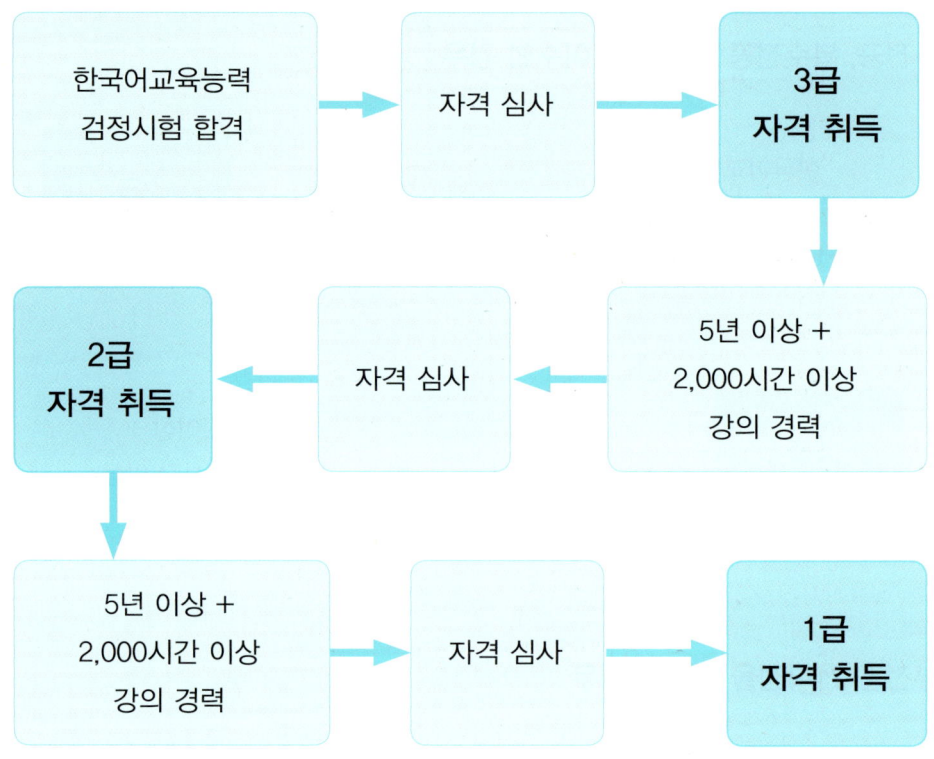

2 교실에서 외국어 교사의 역할

외국어 교사는 의사소통의 효율을 높이기 위한 자질과 기술을 개발해야 한다. 교실 내의 효율적인 의사소통을 위한 길잡이를 다음 세 가지 범주로 묶을 수 있다. 첫째, 교사의 인격적 자질과 태도에 대한 내용, 둘째, 효과적인 의사소통 기술의 사용에 대한 내용, 셋째, 학생들에게 효과적인 의사소통 기술을 가르치는 내용이다.

1) 인격적 자질

① 학생들에 대한 긍정적인 태도를 개발하고 그들의 행동과 의도에 대해 신뢰를 보여야 한다.
② 학생들을 우호적이고 인내심 갖고 대해야 한다.

③ 학생들의 다양한 문화적 배경적 특성에 대해 잘 알아야 한다.
④ 학생들의 발화에 대해서 능동적인 경청자의 역할을 개발시켜야 한다.
⑤ 의사소통에 있어서 자신 있는 역할을 보여주고 편안한 스타일을 개발해야 한다.

2) 효과적인 의사소통 기술

① 학생들과 의사소통을 할 때, 그 학생들의 관심이나 경험, 생활방식 등과 관련된 내용을 사용해야 한다.
② 교실에서 전달되는 메시지 가운데 불필요하고 부적절한 정보는 제거해야 한다.
③ 학생들에게 말할 때는 그들이 이해할 수 있는 수준의 한국어를 사용해야 한다.
④ 학생들에게 정확하고 명백하게 지시해야 한다.
⑤ 메시지의 전달이 용이하도록 다양한 의사소통 경로를 동시에 사용해야 한다.
⑥ 교실에서 의사소통을 할 때 명확하게 말하고 목소리 높낮이, 속도, 억양을 다양하게 변화시켜야 한다.
⑦ 핵심이 되는 부분을 여러 번 강조하고 중요한 내용을 상세히 설명함으로써 메시지의 가장 중요한 부분을 강조해야 한다.
⑧ 필수적인 메시지의 핵심 부분에 활기를 불어 넣어야 한다.
⑨ 교실에서 사용할 수 있는 비언어적 의사소통 유형을 개발해야 한다.
⑩ 학생들과 효과적으로 시선을 맞추도록 해야 한다.
⑪ 의사소통을 할 때 학생들의 이름을 사용해야 한다.
⑫ 교사는 자신의 의사전달 방법에 대한 반응을 잘 살펴야 한다.

3) 학생들의 효과적인 의사소통 기술

① 학생들의 의사소통 기술을 향상시키는 절차를 연구하고 교사와 학생간의 효과적인 의사소통을 위한 명백한 지침을 개발해야 한다.
② 학생들에게 경청하는 기술을 가르쳐야 한다.
③ 학생들의 집단 토의 기술을 개발시켜야 한다.

3 숙달도 단계에 따른 교사의 역할

1) 초급 단계

처음 외국어를 배우는 학생은 언어 모델로서 교사에게 매우 의존하게 된다. 따라서 얼마간 교사 중심 혹은 교사 촉진형의 수업을 하는 것이 적절하다. 학생들은 거의 질문이나 코멘트를 할 수가 없어서 수업이 계속 흘러가도록 할 책임이 교사에게 있다. 그래도 시작이 반이라 하여 약간의 학생 중심 활동조차 하지 않아도 된다는 것은 아니다. 짝 활동과 소집단 활동들은 아주 갓 학습을 시작한 수준에서조차도 교사에게 집중된 관심의 초점을 학생들끼리 상호작용하는 정신 자세로 전환하는 데 효과가 있는 교수기법들이다.

그리고 수업 시간을 통제하는 정도로 초급 단계에서는 교사가 주도하는 방향으로 된다. 제2 언어 상황에서 목표어로 가르치게 되면, 거의 모든 수업 시간이 교사 중심으로 될 것이다. 제2 언어로는 학생들이 수업 시간을 통제할 수단이 없으므로 화제와 활동 형태와 과제를 위한 시간 등을 정하는 부담은 교사의 몫이다. 학생들의 숙달도가 향상되면 그들 스스로 질문과 코멘트를 할 수 있게 되는데 그렇게 되면 가끔은 통제의 주체가 바뀔 수 있을 것이다. 외국어, 모어로 약간의 협상이 가능해서 학생들의 통제를 다소간 허용할 수 있게 될 것이다.

2) 중급 단계

학생들은 질문하고 코멘트를 하고 적절한 때에는 학습의 어떤 선택사항에 관해서 협상을 하도록 권장되어야 한다. 더 많은 학생 대 학생의 상호작용이 짝, 소집단, 전체 학급 활동에서 일어날 수 있다.

학습자 중심의 활동은 학생들이 토의의 화제를 지속하고 초점을 맞출 수 있으므로 더 오랜 시간동안 하는 것이 가능하다. 그 성격이 성격인 만큼 중급은 매우 다양하다. 그 다양성은 학생들 간의 개인차를 잘 이용하는 협동 활동을 잘 설계함으로써 외국어 교사에게 유리하게 작용할 수 있다. 그러나 모든 학생들에게 똑같은 기대를 걸지 말아야 한다. 왜냐하면 학생들의 능력은, 특히 말하기 능력은 매우 큰 차이가 있을 수 있기 때문이다.

3) 고급 단계

표면상으로는 고급 단계의 학생들을 가르치는 일이 더 쉬워보일지도 모른다. 교사의 뒤에 앉아서 학생들의 질문과 자발적으로 생긴 호기심이 교사의 일을 떠맡도록 할 수 있기 때문이다. 실제로는 학생들이 획득한 대부분의 경우에 이득을 볼 수 있는 교실의 일상에 나타나도록 슬기롭게 유도되어야 한다. 고급 단계 교육에서 가장 흔히 생기는 현상은 학급이 스스로 선택한 주제나 활동을 추가하게 되어 교사가 당초 계획한 분량의 4분의 1이나 반만 끝내고 마는 것이다. 따라서 이러한 고급 학습자의 성향을 교사가 유리하게 이용하고 싶다고 하더라도 질서 있는 계획은 여전히 중요하다. 교사가 지시자의 역할을 하는 것이 학습자 중심적인 교실에서도 효과적인 학습의 기회를 만들어 낼 수 있다.

4 훌륭한 언어 교사

Brown(2001)에서 훌륭한 교사의 특징을 기술적 지식(technical knowledge), 교수 기술(pedagogical skills), 대인 기술(interpersonal skills), 개인적 자질(personal qualities)로 구분하고 총 30가지 항목을 다음과 같이 제시하고 있다.

1. 기술적 지식

1) 영어, 음성학, 문법 및 담화의 언어학적 체제를 이해한다.
2) 언어 학습과 교수의 기본적인 원리를 포괄적으로 알고 있다.
3) 영어를 말하고, 쓰고, 듣고, 읽는 데 있어 유창한 실력을 갖고 있다.
4) 경험을 통해서 외국어를 배우는 것이 어떤 것인지 잘 알고 있다.
5) 언어와 문화 간의 밀접한 관계를 이해한다.
6) 정기적인 읽기와 회의 및 워크숍 참석 등을 통해 해당 분야와 발맞춘다.

2. 교수 기술

7) 충분히 검토하고 정보에 근거를 둔 언어 교수 방식을 갖고 있다.
8) 상당히 다양한 기법을 이해하고 활용한다.
9) 수업 계획을 효율적으로 설계하고 실행한다.
10) 수업이 전개되는 것을 모니터하고 효과적으로 수업 도중에 변화를 준다.
11) 학생의 언어학적 요구를 효과적으로 인지한다.
12) 학생에게 최적의 피드백을 제공한다.
13) 교실에서 상호작용, 협조 및 팀워크를 북돋운다.
14) 적당한 수업 경영 원리를 사용한다.
15) 효과적이고 분명한 발표 기술을 사용한다.
16) 교과서, 시각, 청각 및 기계적 보조 기구를 창의적으로 사용한다.
17) 필요할 때마다 새로운 자료를 창의적으로 만든다.
18) 효과적인 시험을 만들기 위해서 상호작용적이고, 내적으로 동기를 유발하는 기법을 사용한다.

3. 대인기술

19) 다른 문화 간 차이점을 인식하고 학생의 문화적 전통에 민감하다.
20) 사람을 좋아하고 열정, 따뜻함, 친밀감 및 적절한 유머 감각을 보여준다.
21) 학생의 의견과 능력을 중요시한다.
22) 능력이 다소 떨어지는 학생을 가르칠 때에도 인내심을 보인다.
23) 아주 우수한 뛰어난 능력을 가진 학생에게는 어려운 과업을 제시한다.
24) 동료와 조화롭고 솔직한 협조 관계를 만든다.
25) 동료와 생각, 아이디어 및 기법을 나눌 수 있는 기회를 만든다.

4. 개인적 자질

26) 잘 정리하고 회의에 성실하게 참석하여 신뢰할 만하다.
27) 일이 잘못될 때 융통성을 보인다.
28) 새로운 교수 방식을 시도하는 데 있어 호기심을 가지고 있다.
29) 지속적인 직업적 성장을 위해서 단기 및 장기 목표를 세운다.
30) 높은 윤리 및 도덕 기준을 가지고 있으며 실제로 모범을 보인다.

이상의 언어 교육적 자질과 교육자적 자질을 하나로 묶어 다음과 같이 종합하여 표현할 수 있다(민현식, 2005:143~145).

첫째, 언어교사는 입으로 말한다(가르친다)

① 학습대상어인 한국어를 고급 수준으로 통달하여 유창성과 정확성에서 모범을 보여야 한다.
② 매개어로서 국제어인 영어에 능할 필요가 있다.
③ 학습자 모어까지 이해, 구사하려고 노력하여야 한다.
④ 이들 언어에 대한 언어학적 지식, 사회언어학적, 대조언어학적 지식을 갖추고 있어야 한다.
⑤ 반언어적(半言語的; paralinguistic) 특성: 장단, 고저, 강세, 억양, 음질, 음량 등의 반언어적 자질에도 결점이 없어야 한다.
⑥ 교수언어: 탁월한 교수법에 따른 정확한 교수 언어를 구사하여야 한다.

둘째, 언어교사는 몸으로 말한다(가르친다)

① 신체언어의 교육적 효과: 신체언어의 비언어적 효과도 중요한 소통방식으로 모범적이어야 한다.
② 신체언어와 교수 학습 효과: 시선 접촉 유지, 교실 내 이동 동선, 제스처 등의

교육적 효과에도 능해야 한다.
③ 솔선수범하는 교육자의 모습: 교사로서 몸을 아끼지 않고 솔선수범할 수 있어야 한다.

셋째, 언어 교사는 머리로 말한다(가르친다): 지성(知性)과 지능(知能), 언어교육적 지식

① 언어 교사의 지성과 지능: 언어 교사는 지성적 태도와 우수한 지적 능력을 갖추어야 한다.
② 언어교육적 지식: 언어 교사는 학습자를 수준에 따라 이상적으로 설계한 교육과정으로 안내하여 이상적 교재로 다채로운 교수 학습법에 따라 가르칠 수 있는 전략을 그의 머리로 고안하고 실천할 수 있어야 한다. 언어 교육적 지식으로는 언어 교육과정론, 언어교재론, 언어교수학습법, 언어 평가법, 언어교육사 등에서 얻는 지식과 실천 방법을 말한다. 특히 학습자의 학습 특성에 따라 교수 전략을 제시할 수 있도록 학습자 요구분석, 학습자 특성 검사 등의 과학적 검사를 하거나 학습자끼리의 자기 학습유형 고백 토론 방법을 사용할 수도 있다.

넷째, 언어 교사는 가슴으로 말한다(가르친다): 감성(感性)과 인간성(人間性), 교육적 지식

① 감성과 인간성: 학생을 사랑하고 존중하며 외국인의 문화를 이해, 수용할 수 있는 풍부한 감성을 가져야 하며, 학생으로부터 존경받을 수 있는 인간성을 갖추어야 한다.
② 교육적 지식: 상담 기술 등의 교육 전문 지식을 바탕으로 학생의 학습 동기를 강화하고 격려 강화할 수 있어야 한다.

5 언어 교사 모형

1970~80년대는 청각구두법의 단점이 지적되고 상황적 의사소통을 중시한 다양한 교수법이 제안되어 학습자의 인간성과 사회성 등의 이해를 위해 사회학, 심리학, 언어학, 교육학 등의 다양한 시각이 강조된다. 1980년대 교사교육은 이론과 실제의 밀착을 강조하고 특히 실천과 성찰을 중시하는 성찰 교육(reflective teaching)을 강조한다. 그리하여 학교를 기반으로 교원을 양성하여 현장 교사가 입학생 선발 시 파견되고 대학과 실습학교가 대등한 역할을 한다.

Roberts(1998:12)에서는 언어 교사의 양성 교육 모형을 네 가지 이론에 따른 유형으로 분류하고 있다.

	인간관	행동 발달의 결정 요인	배경 이론	언어교사교육과의 관련
행동주의 이론 (behavioristic theory)	입력-출력 구조	외부 환경	경험과학, 행동주의	모형 기반 교육 (예: 마이크로티칭)
인본주의 이론 (humanistic theory)	자아-작용	자아실현	인간심리학	인간 중심 교육 (예: 관리 상담 모형)
구성주의 이론 (constructivistic theory)	구성주의자	외부세계의 개인적 구성	인지심리학	반성적 교육 (예: 자기 인지 활동)
			경험 학습	경험 교육(예: 루프 입력법)
사회적 전망주의 이론 (social perspective theory)	사회적 존재	집단 정체성	사회심리학	사회구성주의

다음으로 교사교육의 모형에 대해서는 위를 종합하여 두 가지 모형이 가능하다고 제시하였다(Roberts, 1998:110~116).

	지식 중심 모형 (knowledge-centered)	개인 중심 모형 (person-centered)
틀행동 결정	자연과학 틀: 실증주의(positivism) 외적 관점: 환경 결정론 사물 지식에 초점	인문학 틀: 현상주의 (phenomenology) 내적 관점: 자아 결정론 개인적 지식에 초점
교육 과정관	결과 중심 무엇을 배우는가? 타자 지향적 권위에 의한 결정 구조 학습자에게 제재가 무엇인가 교사로부터 주어지는 지식 사전 결정되는 목표 교과서 강조 성취도 중심 평가 학습자에게 행하기	과정 중심 어떻게 배워지는가? 자기 지향적, 자기만족적 교사 학생 상호 협의 구조 전문가에게 제재가 무엇인가 학생이 가져오거나 원하는 지식 사후에 기술되는 목표 과정 강조 학생의 성취 기준에 따른 평가 학생을 위하거나 함께하기
개인관	입력-출력 구조의 인간관	자아-작용으로서의 인간관
교사관	조작적, 피고용인 의사결정자로서의 교사	전문적, 자유행동인 교사-학생 공동 의사결정자
언어교사 교육의 양상	모형 중심 언어교사교육	비지시적 간섭 전인적 변화와 정서적 상호작용 구성주의자로서의 개인 사고 변화에 추점 개인 모형과 직접 경험에 대한 반성

지식 중심 모형은 기능적(조작적; operative) 교수 모형으로 교사는 중앙 통제적 교육과정과 교과서에 의존한다. 개인 중심 모형은 문제해결(problem-solving) 교수 모형으로 중앙 통제적 모형에서 벗어나 교사의 결정권이 중요하여 교사 자율적 모형을 추구하고 교과서에 의존하지 않고 창의적 교수자료를 만들어 다양한 교수법을 추구한다. 따라서 우리의 언어 교사교육과정은 위와 같은 사조와 방법론을 절

충한 교사양성모형이 되어야 할 것이다. 이제 21세기 교사교육은 현장 기반(field-based), 문제 중심(problem-centered), 기술 중시(technology-driven), 경험 공유(experimental sharing), 성장지향(developmental), 능력 기반(competency-based), 전문 교사화(expertly staffed), 개방적(open-ended) 태도를 지향한다. 따라서 교사들도 전통의 장점을 계승하면서 이러한 추세를 상황에 맞게 능동적으로 재창조 변용하여야 할 것이다.

6 문화별 한국어 교사의 자세

한국어 수업이 교실 맥락에서 발생하므로 교사와 학습자의 이전 학습 경험인 모국의 교실 문화도 한국어 교실의 문화간 의사소통에 직접적으로 영향을 끼칠 수 있다. 그런데 맥락 문화권별 차이가 교실 문화 차이와 연관되어 나타나므로 학습 경험에 근거한 교실 문화의 차이점을 언급하고 그에 따른 교수 기술을 중심으로 한국어 교사의 역할을 제안하고자 한다(고경숙, 2008).

첫째, 한국어 교사는 학습자의 이전 학습 경험에 대한 정보를 갖고 학습자의 기대에 맞는 수업 운영을 한다. 예를 들어, 동양어권 학습자의 경우, 연역적 설명방식을 채택하여 문법 규칙을 설명한 뒤 적절한 연습과 과제를 구성하여 가르친다. 반면 서양어권 학습자의 경우, 과제와 학습활동을 통해 자연스럽게 규칙을 인지하고 유추할 수 있도록 학습지도안을 작성해야 할 것이다. 따라서 교사가 학습자 모국의 교실 문화 양식에 대한 이해를 바탕으로 학생들을 가르친다면, 학생의 반응 및 상호 작용을 예측하여 설명 방식을 결정하고 과제(tasks)의 종류나 양을 구성할 수 있다. 또한 그들의 학습 전략과 학습 양식을 이해하여 이를 효율적으로 활용할 수 있도록 도와줄 수 있다.

둘째, 외국인에게 낯선 언어인 한국어 수업은 정도의 차이가 있지만 문법 설명을 수반하게 되며, 이때 문화권별 학습자를 고려하여 메타언어를 적절하게 선택하여 사용한다. 많은 기관의 한국어 교실에서는 의사소통 중심의 과제 수행과 함께 문법적인 설명도 함께 이루어지고 있다. 그러나 많은 경우 서양어권 학습자는 모국의 학습 경험에서 읽기 능력 중심의 수업을 받았기 때문에 메타언어인 문법 용어에 익숙하지 않고, 모어의 동사와 형용사의 개념과 한국어에서 분류한 문법 범주 개념이 다르기 때문에 서양어권 학습자를 접했을 때 한국어 교사는 이러한 점을 고려하여 적절한 설명 방식을 모색해야 한다. 예를 들어, 많은 한국어 교재의 문법 설명 부분에 제시되어 있고, 한국어 교사들도 익숙하게 사용하고 있는 메타언어 중에 동작 동사의 약자인 'AVst.(action verb stem)'와 형용사의 약자인 'DVst.(descriptive verb stem)'은 서양어권 학습자에게는 무척 생소하게 인식될 수 있으므로 이와 같은 용어의 사용은 예문이나 동사 목록을 통해 제시하여 학습자가 그 개념을 유추하도록 하고, 앞으로 설명의 편의상 위와 같은 약자를 사용한다는 약속을 미리 언급한다.

셋째, 한국어 교사는 문화권별로 다르게 나타나는 비언어적 의사소통 요소로서 몸짓(gesture), 시선, 동작, 대화 시 사용하는 공간적 거리, 신체 접촉이 문화권별로 어떻게 다른지 아는 것이 중요하다. 한국어가 모어가 아니기 때문에 외국인 학습자들은 자신들의 언어적 한계를 극복하기 위해 무의식적으로 모국의 비언어적 요소를 사용하며 대화를 진행할 수 있다. 이러한 비언어적인 요소들이 상대방의 이해를 도울 수도 있지만 오히려 다른 문화권 교사나 동료들에게 오해를 불러일으킬 수도 있다. 예를 들어, 일본인은 놀라움이나 반가움을 표현할 때 머리를 긁적이며, 인도인은 동의를 표시할 때 머리를 가로젓고, 이슬람 문화권에서는 사람을 손가락으로 가리키면 모욕이라고 생각한다. 또한 한국과 일본의 경우 윗사람에 대한 예의로서 시선을 약간 아래로 두지만, 영어권 문화에서는 상대방의 눈을 바라보지 않고 대화하는 것은 무엇인가를 숨기거나 거짓말을 하고 있다는 인상을 준다. 이러한 비언어적 의사소통에 대한 지식을 통해, 교사는 학생의 메시지를 해석할 수 있고, 학생들에게 한국의 비언어적 행동들을 설명해 줌으로써 오해가 발생할 수 있는 기회를 줄여줄 수 있다.

넷째, 한국어 교사는 학습자들이 서로 다른 문화에 대해 개방적인 태도를 기를 수 있도록 교육한다. 학생들 사이에 문화 간 인식의 부족으로 인한 오해가 생기지 않도록 교사는 그들로 하여금 문화 간 인식을 기를 수 있도록 도와주며, 이와 함께 학습자들이 교사에 대해 생각할 때, 자신들의 교사가 문화 간 인식을 갖고 학습자를 대한다는 인식을 갖도록 한다. 그럼에도 불구하고, 다른 문화 배경으로 인한 문화 갈등이 발생했을 때, 교사는 위에서 살펴본 문화 간 지식을 활용하여 각각의 입장에서 문화적 차이점을 설명해주면서 문화 갈등을 효율적으로 조율하는 중재자의 역할도 수행해야 한다.

7 비원어민 한국어 교사

　비원어민 외국어 교사에 대한 연구는 외국어/제2언어 교육 분야에서 거의 관심을 갖지 못하다가 Medgyes(1994, 2001)에서 본격적으로 진행되었다. Medgyes는 일련의 논문에 의하면 훈련받지 않은 원어민 교사보다는 잘 훈련된 모어 교사가 더 우수하며, 특히 목표 언어사용이 능숙한 모어 교사는 원어민 교사보다 훨씬 뛰어난 교육적 효과를 가져다준다고 했다. 즉 영어에만 능숙한 원어민 교사보다 영어와 모어 양쪽에 능숙한 비원어민 교사의 전달도가 훨씬 높다는 것이다[1].

　하지만 비원어민 교사의 역할의 중요성을 지지하는 주장에도 불구하고 자신의 모어가 아닌 외국어를 가르치는 비원어민 교사의 경우에 수업 중에 부담감이 적지 않은 것은 사실이다. Medgyes(2001:434)에서 11개국 영어 교사들을 대상으로 한 설문 연구에서 원어민-비원어민 영어 교사라는 구분 자체가 실제 교수활동에 큰 차이 없음에도 비원어민 영어 교사들은 자신들이 원어민이 아니기 때문에 상대적으로 비효율적인 교사라고 느끼고 있다고 하였다. 그들은 이들의 열등감은 영어 능력뿐만 아니라 동일한 과목에 대한 교사이자 학습자로의 이중 역할 때문에 생겨나는 인지적인 불일치에 대해 갈등에서 비롯된다고 한다. 양질의 외국어교육을 위해서는 목표어에 대한 교사의 뛰어난 의사소통 능력이 요구되는 점은 너무나 당연한 일이지만 일부에서는 원어민 교사에 대한 맹목적인 환상은 오히려 위험할 수 있다고 경고한다. 실제 원어민 교사들이 학습자의 외국어 실력 향상에 미치는 영향이 기대 이하라는 것이다.

　이처럼 원어민 교사의 장단점은 비원어민 교사의 장단점과 각각 반대로 연결된다. 원어민 교사는 한국어 발음이 정확하고 즉각적인 대응이 뛰어다는 장점이 있으나 일부 전문적인 한국어교육을 받지 않은 경우에는 한국어 교수법에 대한 연구가 부족하다[2]. 또한 현지인 학생들에 대한 친밀도가 떨어진다는 단점을 갖고 있다. 반면 비원

---

1) 국내의 대학 부설 한국어 연수 기관의 경우에는 일반적으로 강사 자격 조건으로 석사 학위 이상을 요구하며, 최근에는 한국어교원 자격증을 필수 요건으로 요구하는 기관이 대부분이다. 중국의 대학에서 자체 채용하는 경우에는 원어민 한국어 교원에게 특별히 한국어교육 관련 석사 학위나 한국어교원 자격증을 요구하지 않는다.
2) 특히 중국 대학에서 채용하는 일부 원어민 한국어 시간 강사의 경우 한국어교육에 대한 전문적인 지식이 전혀 없는 경우가 있다. 그래서 얼마 전 북경 지역 대학에서 한국어 강의를 맡고 있는 비전공 강사들에 대한 석사 학위 과정 개설을 추진하자는 의견도 있었다고 한다.

어민 한국어 교사는 학습자들에게 좋은 역할 모델이 된다는 것, 보다 효율적인 학습 전략을 제공해 줄 수 있다는 점, 학생들의 심리적 안정에 도움이 된다는 점 등의 장점이 있지만, 한국어 의사소통 능력이 떨어지고 즉각적인 대응 능력이 부족한 점을 단점으로 들 수 있다.

이와 같은 맥락에서 Medgyes(2001:436)에서 비원어민 교사의 긍정적인 측면으로 다음의 6가지를 제시하고 있는데 이를 비원어민 한국어 교사의 입장에서 적용하면 다음과 같다.

첫째, 보다 나은 학습자 모형을 제공한다. 한국어를 적절히 구사하는 모습을 보면서 학습자는 교사를 닮으려고 노력하고 한국어로 의사소통하는 것이 불가능한 것이 아니라 성취 가능하다는 것을 알게 됨으로써 학습동기를 고취시킬 수 있다.

둘째, 언어 학습 전략을 보다 효율적으로 교수한다. 교사는 학습자가 부딪치게 될 여러 가지 어려운 점을 교사 이전에 학습자로서 경험하고 성공적으로 극복했기 때문에 학습자들의 처지와 심정을 누구보다 잘 이해하여 효과적인 학습 전략으로 가르칠 수 있다.

셋째, 언어로서의 한국어에 대한 보다 많은 정보를 제공한다. 교사는 한국어와 학습자의 모어를 동시에 알기 때문에 언어 간의 차이에 대한 보다 많은 명시적인 정보를 제공함으로써 학습자자가 쉽게 이해할 수 있게 할 수 있다.

넷째, 언어적인 어려움을 더욱 잘 예상하고 방지한다. 모어 환경에서 비원어민 한국어 교사는 원어민 교사보다 학생들에 대한 많은 배경 지식을 갖고 있으며, 한국어를 배우는 동안 겪은 한국어와 모어의 대조분석을 통해 어려움을 예상하여 예방할 수 있다.

다섯째, 학생들에 대해 더욱 민감하다. 교사는 외국이라는 상황에서 한국어를 교수·학습하는 환경에 대해 충분히 숙지하고 있기 때문에 비원어민 한국어 교사는 현실적인 목표를 정해줄 수 있는 위치에 있다.

여섯째, 학생들의 모어를 사용하는 자신들의 능력에서 이득을 얻을 수 있다. 교수학습 상황에서 모어 사용의 도출이 많아짐에 따라 한국어의 입력이 줄어드는 단점에도 불구하고 고급단계에서도 모어가 외국어교육에서 매개체로써 그 역할은 변함없는 위치를 차지하고 있다.

앞서 Medgyes의 이론을 바탕으로 6가지 관점에서 살펴보았다. 이 6가지 관점은 비원어민 한국어 교사에게 동일하게 적용되는 요소라고 생각된다. 특히 목표어인 한국어를 배우는 과정에서 겪은 다양한 학습 경험은 원어민 한국어 교사가 경험할 수 없는 비원어민 한국어 교사만이 갖는 특성이다. 이러한 학습 경험은 교사 자신의 모어와 한국어를 대조 분석하여 이미 한국어를 배우는 과정에서 경험한 오류와 실수를 충분히 이해하고 있기 때문에 한국어 교수·학습 효과를 높일 수 있다.

원어민과 비원어민 한국어 교사의 차이

원어민과 비원어민 교사의 교육방법의 차이란 우선 학습자의 모어가 강의의 수단으로 사용되는가 안 되는가의 차이에서부터 목표어에 대한 숙달도와 유창성의 차이, 교직과 교육 과목에 대한 접근 방법의 차이, 목표어의 문화에 대한 이해의 차이 등에 있다. 이와 관련해 Medgyes(1994:58~59)에서 자세히 다루고 있는데 이것을 바탕으로 원어민과 비원어민 한국어 교사에 적용하여 보았다.

〈원어민 한국어 교사과 비원어민 한국어 교사의 교수 행위 차이〉

태도	원어민 한국어 교사	비원어민 한국어 교사
한국어 실력	한국어 말하기 잘함	한국어 말하기를 잘 하지 못함
	실제 언어를 사용	'학문적' 언어의 사용
	자신감 있게 한국어를 사용	덜 자신감 있게 한국어를 사용
교직의 태도	좀 더 유동적인 방식을 채택	좀 더 안내하는 방식을 채택
	좀 더 혁신적임	좀 더 조심성이 있음
	감정이입이 덜 함	좀 더 감정이입이 됨
	지각된 요구를 수렴함	실제적인 요구를 수렴함
	보다 먼 곳에 가져온 기대를 가짐	현실적인 기대를 가짐
	격식을 덜 차림	엄격함
	덜 위임함	더 위임함
언어 교수 방법	통찰력이 떨어짐	더 통찰력이 있음
	집중요소: 유창성, 의미, 언어 사용, 구두학습, 일상적 언어 사용역	집중요소: 정확성, 형식, 문법규칙, 인쇄된 단어, 형식적 언어 사용역
	맥락 안에서의 교수	고립된 곳에서의 교수
	자유로운 활동의 선호	통제된 활동의 선호
	모둠활동/짝 활동의 선호	일체식 교수의 선호
	다양한 교수자료의 사용	하나의 교과서 사용
	오류에 대한 용인	오류에 대한 교정/처벌
	적은 양의 테스트 계획	많은 양의 테스트 계획
	제1언어를 전혀/거의 사용하지 않음	제1언어의 사용
	번역을 거의 안하거나 하지 않음	번역을 사용
	적은 양의 과제	많은 양의 과제
문화	문화적인 정보의 제공이 많음	문화적인 정보의 제공이 덜 함

목표어인 한국어에 대한 유창성이나 자신감은 원어민 교사가 비원어민 교사보다 더 교육적인 효율성이 있지만 교과목인 한국어에 대한 자신감의 부족으로 인해 수업의 준비성, 열정 등은 비원어민 교사들이 뛰어날 수도 있다. 특히 한국어를 배웠던 학습 경험은 모어 학습자가 한국어를 학습 중에 느끼는 어려운 점을 교사로서 이미 경험했기 때문에 한국어를 가르칠 때 원어민 한국어 교사가 갖을 수 없는 장점 중의 하나이다. 그러나 외국어교육에서 수업의 활력을 줄 수 있는 자유분방한 교실 활동

은 목표어에 대한 감각을 갖고 있는 원어민 쪽이 유리하다. 그러나 학습자 중심의 학습 활동에서는 학습자의 심리와 언어, 문화에 대한 지식이 제한된 원어민 교사에게는 분명히 불리한 조건이 될 수 있다. 아직 원어민 또는 비원어민 한국어 교사의 차이에 따른 한국어교육의 교수·학습 효율성에 대한 차이는 실증적으로 논의된 바는 없었다. 지금까지 한국어에 대한 유창성이 우월하다는 사실로만 원어민 교사가 더 효과적일 것이라는 통념만이 있었다 해도 과언은 아닐 것이다. 하지만 비원어민 교사는 일반적으로 원어민 교사에 비해 한국어에 대한 학문적, 인지적 지식에 관심을 가지고 있어서 비원어민 교사의 교수 효율성이 높다고 할 수 있다.

해외 대학에서 진행되는 한국어교육은 교과목의 특성에 따라 현지어에 능숙한 비원어민 한국어 교사와 원어민 한국어 교사가 담당할 교과목을 따로 개설하여 적절히 분배하여 운영하는 것이 학습자의 한국어 의사소통 능력향상에 더 도움이 될 것이다.

8 한국어교수학습샘터 (kcenter.korean.go.kr)

국립국어원에서 운영하는 '한국어교수학습샘터'는 한국어교사는 물론 한국어 학습자에게 도움이 되는 다양한 정보가 많이 제공된다. 주요 내용과 기능을 소개하면 다음과 같다.

- 국내외 한국어교원과 예비 교원에게 시공간·비용의 제약이 없는 연수 환경 제공 – 언제, 어디서든 학습이 가능한 상시적·자기 주도적 한국어교원 온라인 학습 체제 구축
- 온라인 연수, 교원 간 정보 교류, 정책 제안 기능을 모두 소화하는 융합형 한국어교원 연수 시스템 운영

    문법·표현 내용 검색
    어휘 내용 검색
    한국어기초사전 찾기
    교수 자료 검색

문법·표현 내용 검색

어휘 내용 검색

한국어기초사전 찾기

교수 자료 검색

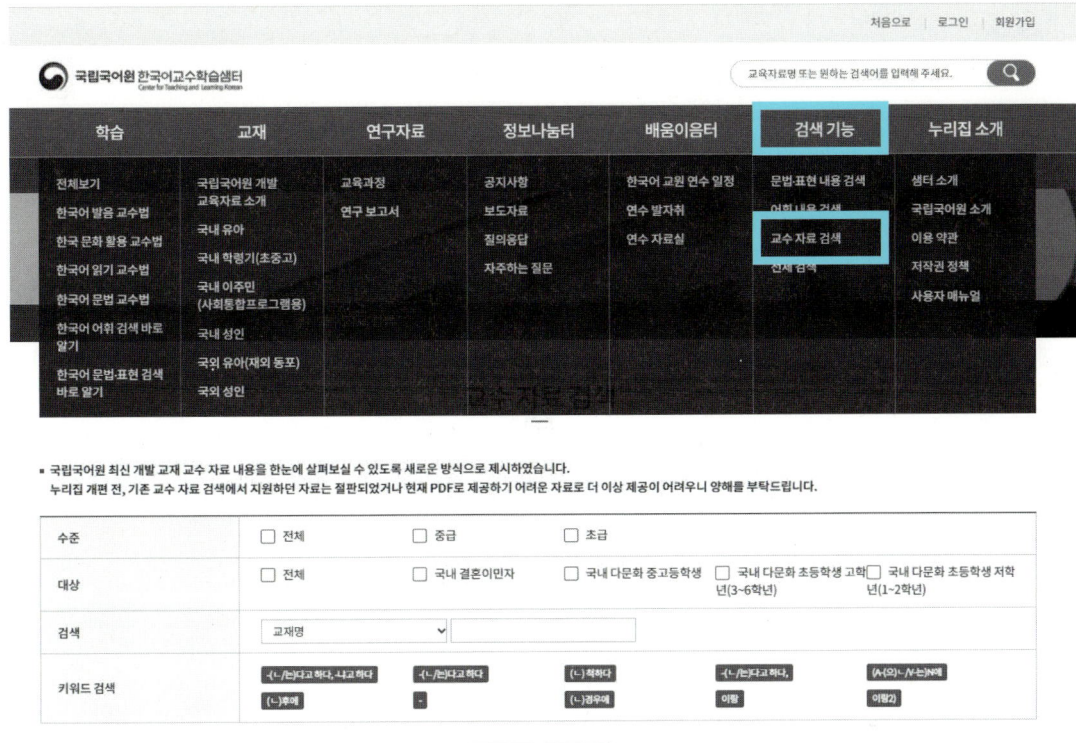

'수준, 대상, 검색, 키워드' 등으로 자료 검색 시 '교재명, 단원, 단원명, 주제, 기능, 차시' 등이 표시된 자료를 검색해 볼 수 있습니다.
문법/어휘, 대화/표현/활동, 발음/담화/문화/듣기/수준/대상/구성 등이 상세하게 기록된 내용을 확인해 볼 수 있습니다.

교재 정보

교재명	중고등학생을 위한 표준 한국어(의사소통 4)
단원	8. 힘들더라도 조금만 더 참으세요
주제	진로 상담
기능/차시	권유하기 의견 표현하기

문법/어휘

목표 문법	-는 반면에 -더라도 -다시피 -곤 하다 -다 보면 -에 따라
목표 어휘(분류)	진학과 취업 관련 어휘
목표 어휘(목록)	일반 고등학교, 특수 목적 고등학교, 특성화 고등학교, 대학교, 수시, 정시, 대학 수학 능력 시험, 논술, 면접시험, 국어 국문학, 사학, 기계 공학, 컴퓨터 공학, 정치 외교학, 경제학, 수학, 화학, 의예, 간호학, 디자인학, 음악학, 기술, 어학, 취업, 진학 자격증을 따다, 현장 실습을 가다, 경력을 쌓다, 경쟁력을 키우다
추가 어휘	감상하다, 개발, 계산하다, 공지하다, 곰곰이, 급증하다, 기술력, 꼽히다, 노트북, 느긋하다, 다방, 도전 정신, 돌잡이, 마무리, 마우스, 마이크, 마지막, 만화, 미래, 벤처 기업, 부자, 불구하다, 산업, 상의하다, 새우다, 선호하다, 소수, 수행하다, 승무원, 신청국, 싸다, 쌀, 썩, 아르바이트, 아쉬움, 아이디어, 안내하다, 애니메이션, 여간, 연결하다, 오가다, 외식, 원서, 웹툰, 유학, 작동, 장수, 장점, 전화번호, 조종사, 존재, 주목, 중소기업, 지루하다, 짓다, 차라리, 책자, 청진기, 체계적, 출력하다, 탐색, 통역사, 특강, 틀다, 틈틈이, 패션, 필수적, 항공, 호텔, 활발하다

대화/표현/활동

	호민: 안나야, 오늘이 우리가 같은 반에서 공부하는 마지막 날이네. 안나: 그러게. 내년에도 같은 반에서 공부하면 좋겠다. 호민: 그래. 하지만 서로 다른 반이 되더라도 자주 연락해서 얼굴 보자. 안나: 응, 꼭 그렇게 하자.

9 한국어교육 관련 학회

한국어교육 관련 주요 학회를 소개하면 다음과 같다.

국제한국어교육학회 www.iakle.com

한국어를 전 세계에 보급하고 지원하는 국내외 한국어 교육계와 한국어 교육자의 성장과 발전을 목적으로 삼아, 외국인을 위한 한국어교육에 종사하는 교육자와 이에 깊은 관심을 가지고 있는 많은 학자들이 뜻과 힘을 모아 1985년에 설립한 학회이다.

이중언어학회 www.korbiling.org

이중언어학 및 이중 언어 교육의 이론적 연구와 응용을 통하여, 해외 동포 및 외국인에게 한국어를 보급하고 해외 한국어 교육을 후원하는 데 목적을 둔다.

한국언어문화교육학회 www.klaces.or.kr

한국어와 한국 문화 교육의 활성화를 꾀하는 데에 설립 목적이 있다. 최근 한국어 교육의 중심축은 한국어의 언어적 지식 교수가 아닌 의사소통 능력의 신장을 위한 교수로 옮겨 가고 있고, 그 변화 과정에서 한국 문화 교육 역시 자연스럽게 한국어 교육과 밀접한 연관을 맺게 되었다. 따라서 한국어 교육과 한국 문화 교육의 방법론을 학제 간의 관점에서 연구 대상으로 삼아 체계적 연구를 꾀하는 것이 실제 목적이다.

국제한국언어문화학회 www.ink.or.kr

언어와 문화가 상호 작용하는 표면 현상과 그 내면의 배경 연구를 통하여 새로운 학문의 영역을 구축하고, 한국 언어문화와 여타 세계의 이질 언어문화와의 대조 연구를 통하여, 국제 사회 속에서 한국 언어문화의 정체성을 확립하고 이를 국제 사회에 보급하고자 설립되었다. 이를 위해 한국 언어문화의 이론적 연구, 타 언어문화와의 대조 연구를 통해 언어 문화에 대한 체계적인 학문 영역 구축에 노력하며, 한국 언어문화의 교육 및 해외 보급에 주력하는 것이 목적이다.

한국어문법교육학회 www.grammaredu.net

국어 문법의 논리적 체계를 재정립하고 문법 교육의 효율적인 방법론을 연구하여 이를 국어 교육 현장에 반영하는 것을 목적으로 한다.

2부
모의수업 교안 작성

3강

모의수업 교안 작성 ①

학습 목표

- 교안 작성의 필요성을 이해한다.
- 교안의 구성을 이해한다.
- 교안의 다섯 단계를 이해한다.

1 교안 작성의 필요성

　교안이란 교수·학습 활동을 효과적으로 수행하기 위한 조직적이고 구체적인 수업 진행 계획서이다. 교안은 무엇을 가르칠 것인가, 어떤 순서로 가르칠 것인가, 어떤 말을 가르칠 것인가, 어떤 방법으로 가르칠 것인가 등에 대한 계획을 기술한 것이다. 교안은 잘 짜인 한국어 수업을 위해 필수적이며, 제한된 수업 시간을 이용하여 최대한의 학습 효과를 이끌어 내는 데 필수적인 요소이다. 수업을 진행하기 전에 수업의 내용과 진행 방법을 미리 계획하여 교안을 작성해 보는 것이 반드시 필요하다. 같은 내용이더라도 교수 환경, 학습자에 따라 교사가 고려해야 할 변인들이 많으므로 미리 예측하고 준비하지 않으면 학습 목표를 달성하기 어렵기 때문이다. 따라서 교사는 수업 전에 여러 사항들을 파악하고 준비하여 수업을 통제하면서 학습 목표를 효과적으로 달성할 수 있는 방안을 모색해야 한다.

　교사가 교안을 자세히 작성해야 하는 이유는 다음과 같다.

> ① 상세한 교안은 특히 경험이 많지 않은 교사에게 안정감을 제공한다.
> ② 교안은 배의 방향타와 같이 교사로 하여금 목표를 잃지 않고 제대로 수업을 이끌 수 있도록 도와준다.
> ③ 교안은 교사로 하여금 반성적 의사결정을 하도록 한다.
> ④ 교안은 학습 자료를 조직하고 학습상의 허점이나 불완전한 내용을 찾게 해 준다.
> ⑤ 교안은 앞으로 이용할 자료가 된다.
> ⑥ 교안은 교사의 자기평가, 학생의 학습평가 및 교육과정의 평가에 유용하다.
> ⑦ 교안은 교사가 결근했을 때, 보충 교사에게 차질 없이 수업을 진행할 수 있는 구제적인 지침이 된다.
> ⑧ 교안은 동료교사로 하여금 무슨 내용을 어떻게 진행하는지를 알려주는 의사소통의 수단이 된다. 이는 특히 통합교과적인 주제 단원을 다룰 때 유용하다.

2 교안 구성

한국어교육에서 사용하는 교안은 일반적 수업 교안 양식과 비슷하다. 한국어교육에서 많이 사용하는 일반적인 교안 형식은 다음과 같다.

수업 일시		수업 시간		교사	
제목					
학습 목표					
학습 내용	문법				
	어휘 표현				
학습자 정보					

단계	교수-학습 활동	유의점	학습 자료	시간
도입				
제시				
연습				
활용				
마무리				

교안을 작성할 때 우선 고려되어야 하는 점은 학습 목표와 학습 대상에 대한 분석이다.

(1) 기본 사항

① 수업 일시, 수업 시간, 교사

교안은 수업을 진행한다는 전제하에 작성하는 것이므로 언제, 누가 수업을 한다는 것부터 시작해야 한다. 수업을 진행할 날짜와 시간을 기록해야 하는데, 보통 한 과를 여러 시간에 걸쳐 교수하게 되므로 그 중에 몇 번째 시간인지를 표시한다. 1차시 혹은 '1/4차시' (4시간 수업 중 첫 번째 차시라는 표시)로 써 넣는다.

② 제목

해당 수업에서 교수할 과의 제목을 쓴다. 이때 특정 교재를 사용한다면 교재의 이름과 단원명도 같이 기록한다.

③ 학습 목표

해당 과에서 전체적으로 학습자들이 달성하게 될 목표를 넣는다. 학습목표를 쓸 때는 교재의 앞부분에 실려 있는 교수요목을 참고하는 것이 좋다. 예를 들어 단원명이 '날씨'라면 '날씨 현상에 대해서 구체적으로 설명할 수 있다.'로 목표를 세울 수 있을 것이다.

해당 수업을 통해서 학습자들에게 기대하는 목표를 구체적으로 기록해 놓으면 수업의 전체 흐름을 잡을 수 있고, 해당 차시 연습과 활동이 적절한지 여부를 알 수 있다. 보통의 경우, 모의수업에서는 문법 표현을 교수하는 경우가 많으므로 그 문법 표현이 가지고 있는 기능적 특징을 고려하여 기술하는 것이 좋다. '-아서/어서(이유)'를 교수할 경우 "-아서/어서'를 사용하여 어떤 일에 대한 이유를 말할 수 있다.'로 쓴다.

(2) 학습 내용

목표 문법과 어휘, 표현을 구체적으로 기록한다. 수업 중에 사용할 개별 어휘들을 이해수준으로 다룰 것인지 표현수준으로 다룰 것인지도 사전에 계획하는 것이 필요하다. 특히 초급의 경우, 학습자의 수준을 고려하여 학습 내용을 선정하는 것이 학습 목표 달성에 매우 중요하다. 문법 수업인 경우, 해당 문법과 주로 사용할 어휘를 적는다. 다른 영역의 수업인 경우 문법 대신 목표로 하는 영역을 기록한다.

(3) 학습자 정보

학습 대상에 대한 파악은 교안을 작성할 때 간과하기 쉬운 부분인데 실제적인 교안을 작성하기 위해서는 학습 대상에 대한 정보가 매우 중요하다.

① 국적

교실 상황에 따라 국적은 다국적(미국, 중국, 일본, 베트남 등)이거나 같은 언어권 학습자들로만 이루어질 수도 있다. 국적에 대한 파악이 이루어지면 제시 예문, 교사 질문 등이 달라질 수 있을 것이다. 국적과 학습자의 모어가 다른 경우에는 모어를 기준으로 하면 된다.

② 학습자 수

학습자 수를 알면 연습의 방법(짝활동, 모둠활동, 전체활동 등)을 세밀하게 계획할 수 있고 연습 시간도 예측할 수 있으므로 교안에 기록해야 한다.

③ 한국어 능력 수준

학습자의 한국어 능력 수준을 알면 교사의 말, 학습 내용의 제시 방법, 연습 등에 대한 계획을 보다 구체적으로 세울 수 있다. 같은 내용의 문법을 교수하더라도 학습자의 수준에 따라 내용은 달라지기 때문이다. 막연하게 초급, 중급, 고급으로 표시하는 것이 아니라 구체적으로 1급, 2급, 3급 등으로 급을 표시해야 한다. 해당 급에서도 초반인지, 중반인지, 후반인지 표시하는 것이 좋은데, 해당 급의 초반과 중·후반의 수준이 크게 차이가 나는 경우가 있기 때문이다. 특히 초급의 경우, 1급 초반, 1급 중반, 1급 후반 등과 같이 세분화하여 표시하는 것이 수업을 준비하는 데에 도움이 된다.

일반적으로 대학부설 한국어교육기관의 각급 수업 시간이 200시간인 것을 감안하여, 학습자의 한국어 수준을 시간으로 표기하는 것도 효과적이다. 예를 들어 1급 중반의 학습자인 경우 '100시간 한국어 학습자'와 같이 기록할 수 있다.

(4) 교안의 표기 방식

교안은 핵심적인 내용이 눈에 잘 띌 수 있도록 정리되어 있는 것이 좋다. 여러 사람과 공유하게 되는 경우도 있으므로 교안 안에서 핵심적인 부분은 통일된 양식으로 기술하는 것이 좋다.

① 약어

용어	약어
교사	T
학생	S
명사	N
동사	V
형용사	A

② 지시문, 대사의 구분

교사가 동작으로 보여 줄 부분과 말로 표현할 부분에 대한 구분이 필요하다. 대본으로 생각한다면 행동 지시문과 발화로 구분 짓는 것이다. 간단한 방법으로는 괄호 안에 넣는 방법이 있고, 지시문과 대사의 글자체를 달리하는 방법이 있다.

③ 교수 내용과 참고 내용 구분

교안에는 학생에게 전달해야 할 내용뿐만 아니라 교사가 참고할 만한 내용(문법 비교, 범주 제한 등)을 함께 기록해 놓는다. 이때 교사가 참고해야 할 부분을 구분하지 않으면 모든 부분을 교수의 내용이라고 잘못 이해하게 될 수도 있다. 이 부분을 구분하기 위해서는 특수 기호를 사용하여 표시를 하거나 상자 안에 넣는 방법이 있다.

3 단계별 수업 구성

한국어 문법 수업은 목표 문법에 따라 여러 방법으로 교수·학습될 수 있지만 일반적인 언어 수업의 구성과 동일한 방식으로 '도입 → 제시 → 연습 → 활용 → 마무리'의 다섯 단계로 구성된다. 이런 수업은 제시-연습-사용(PPP)을 확대한 모형으로 한국어 교수 현장에서 가장 일반적으로 사용되는 모형이다.

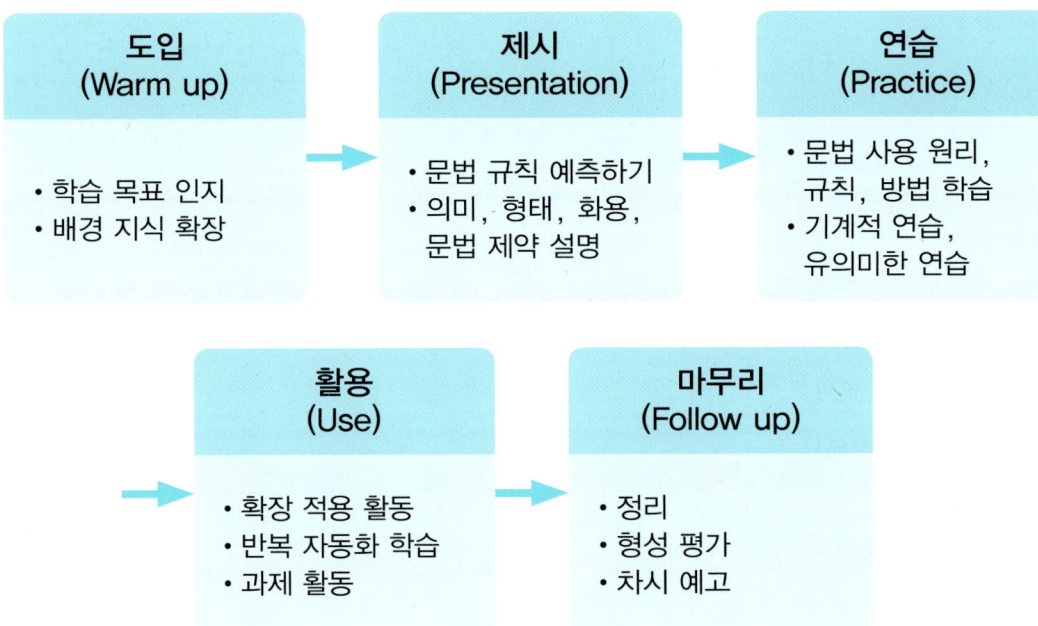

3-1 도입

학습 목표를 학습자들에게 자연스럽게 노출시키면서 학습자의 주의를 수업으로 유도하는 단계이다. 학습자들은 해당 차시의 학습 목표의 사용 상황이나 의미를 추측하면서 수업에 집중할 수 있게 된다.

이때 교사는 학습자에게 일방적으로 학습 목표를 제시하는 것이 아니라 학습자가 이해 가능한 범위 내에서 맥락을 이용하여 유의적인 방식으로 노출시키는 것이 중요하다.

효과적인 도입 단계를 구성하기 위해서는 아래의 내용을 고려해야 한다.

> ① 목표 문법의 의미와 기능을 고려하여 학습 동기를 이끌어 내도록 구성한다.
> ② 전형적인 상황으로 문법을 노출하여 학습자들이 목표 문법을 인식하도록 한다.
> ③ 제시 단계에 앞서 학습자들이 목표 문법의 용법에 관심을 갖도록 한다.
> ④ 선행 학습된 내용이나 배경 지식으로 내용이 쉽게 이해되도록 구성한다.
> ⑤ 질문 대답, 시각 자료나 교실 환경 등을 적절히 활용하여 수업을 시작한다.

문법 수업에서 도입은 해당 문법 항목이 사용되는 전형적인 맥락을 제시하여 학습자가 맥락을 통해 의미를 유추할 수 있도록 유도한다. 일반적으로 교사와 학생 간의 대화를 통해 도입하는데, 학습자의 불완전한 발화 형태를 교사가 목표 문법을 이용해 올바르게 바꿔 주는 방식으로 학습자의 관심을 목표 문법으로 유도한다. '-아서/어서'의 예를 보이면 다음과 같다.

목표 문법	-아서/어서
도입	T: 에릭 씨, 밥을 먹었어요? S: 아니요. 안 먹었어요. T: 왜요? S: 배가 아팠어요. T: 에릭 씨는 배가 아팠어요. 밥을 안 먹었어요. 　　배가 아파서 밥을 안 먹었어요. 　　티엔 씨는 어디에서 점심을 먹어요? S: 학생식당에서 먹어요. T: 왜요? S: 학생식당이 싸고 맛있어요. T: 티엔 씨는 학생식당이 싸고 맛있어서 학생식당에서 먹어요.

　예문과 예시 상황을 통해 도입할 때는 기능을 대표할 수 있는 상황으로 학습자가 이해할 수 있는 예문을 사용하며 선수 학습된 내용을 적절하게 활용하고 있다. 또한 학습자가 이해할 수 있는 도입을 위해 예문 속 어휘를 통제하며 목표 문법에 집중한다. 정리하면 다음과 같다.

1. 누구나 이해 가능한 전형적인 상황인지 검토가 필요하다.
2. 교사가 제시한 문장이 해당 학습 목표에서 활용 가능성이 높은 문장인지 검토해야 한다.
3. 교사 혼자 일방적으로 상황을 제시하는 것이 아니라 교사와 학생 간에 질문, 대답의 방식을 취하여 학습자의 관심도를 높일 수 있는지 검토해야 한다.
4. 해당 문형을 도입하기 위해 불필요한 설명이 추가되어야 하거나 미학습 표현들이 포함되어 있지 않은지 확인해야 한다.

3-2 제시

　제시 단계는 학습 목표가 되는 문법 항목을 학습자들이 이해할 수 있도록 하는 단계이다. 학습 목표를 이해시키기 위해서는 무엇보다도 문법 항목을 의사소통의 맥락

속에서 제시하는 것이 중요하다. 문법을 사용하기 위한 발음, 형태, 문형에 대한 정보는 설명으로 제시할 수도 있고 연습을 통해 학습하게 할 수도 있다. 어떤 경우든지 중요한 것은 교사가 문법 항목에 관한 정보를 충분히 알고 있어야 한다는 점이다. 단, 수업에서 교사가 문법을 설명하는 경우에는 문장 안에서 명료하게 설명할 수 있도록 해야 한다.

교사들은 정확성과 오류 방지를 위해 형태적인 설명에 치우치기 쉬우나 이는 자칫하면 문법 구조 중심의 수업이 되기 쉽다. 따라서 구조적인 설명을 길게 하는 것보다는 차라리 구조적인 연습 과정을 통해 정확하게 사용할 수 있도록 연습 단계로 미루는 것이 좋다.

> ① 도입 예문을 상기시키며 목표 문법을 칠판 판서, 카드나 ppt 자료로 제시한다.
> ② 의미, 형태, 화용, 제약, 문장 구성이나 관련 문법 등의 정보를 제시한다.
> ③ 문법 설명은 가능한 한 단순화하여 제시해야 한다.
> ④ 지나치게 분석하거나 불필요한 문법 용어를 사용하지 않는다. 보통 받침, 명사, 동사, 형용사, 문장 등의 용어를 사용한다.
> ⑤ 문법에 따라 시각 자료나 몸짓, 선수 학습된 문법 등을 적절하게 활용한다.

(1) 의미 제시

도입 단계에서 유추를 통해 짐작한 목표 문법에 대해 학습자에게 의미를 분명히 제시하고 설명하는 단계이다. 질문 대답을 통해 예문을 끌어내거나, 미리 준비한 시각 자료를 활용하여 예문을 제시한다.

목표 문법	−아서/어서
제시	〈의미 제시〉 T: 에릭 씨가 밥을 안 먹었어요. 왜요? S: 아팠어요. T: 네. (칠판에 두 문장을 판서하면서 말한다.) 　에릭 씨가 배가 아팠어요. 밥을 안 먹었어요. 　배가 아파서 밥을 안 먹었어요. (판서를 수정한다.) 　티엔 씨는 학생 식당에서 밥을 먹어요. 왜요? S: 학생식당이 싸고 맛있어요. T: 네. (칠판에 두 문장을 판서하면서 말한다.) 　학생식당이 싸고 맛있어요. 학생식당에서 밥을 먹어요. 　학생식당이 싸고 맛있어서 학생식당에서 밥을 먹어요. 　'−아서/어서'는 '왜 해요? 왜 안 해요?' 말해요.

의미 제시는 문법서에 나오는 의미를 그대로 전달하는 것이 아니다. 학습자가 이해 가능한 표현으로 문장 안에서 의미를 제시하는 것이 중요하다.

(2) 형태 제시

학습자들에게 의미를 이해시켰으면 그 표현을 어떻게 사용하는지 형태에 대한 정보를 제시한다.

보통 형태 교체를 통해 제시하는데 이때는 일관성 있고 일목요연하게 제시해야 한다.

목표 문법	−아서/어서				
제시	〈형태 제시〉 양성모음 → 음성모음 → 불규칙				
		동사	아서/어서	형용사	아서/어서
	ㅏ, ㅗ	가다	가서	많다	많아서
	ㅓ, ㅜ, ㅣ	먹다	먹어서	늦다	늦어서
	그 외	듣다	들어서	쉽다	쉬워서

목표 문법	-(으)ㄹ 때				
제시	〈형태 제시〉 받침 ○ → 받침 × → 불규칙				
		동사	-(으)ㄹ 때	형용사	-(으)ㄹ 때
	받침 ○	먹다	먹을 때	좋다	좋을 때
	받침 ×	가다	갈 때	아프다	아플 때
	그 외	듣다	들을 때	춥다	추울 때
		만들다	만들 때	멀다	멀 때

(3) 제약 정보 제시

문법의 제약에 대한 정보는 오류를 예방하도록 하기 때문에 중요하다. 주요한 오류로는 시제 제약, 선행 용언 제약, 문장 형태 제약 등이 있다. 이 제약은 제시 단계에서 제시한 문장을 통해서 설명을 하는 것이 좋다. 그러나 너무 많은 제약 정보를 제시할 경우 오히려 학습자들에게 오류의 형태를 입력해 줄 수 있으므로 간결하게 설명해야 한다.

① 시제 선어말어미 제약

　*배가 아팠어서 밥을 안 먹었어요.
　→ 배가 아파서 밥을 안 먹었어요.
　'-아서/어서' 앞에 '-았/었-, -겠-'을 쓰지 않는다.

② 문장 형태 제약

　*더워서 창문을 열어 주세요.
　→ 더워요. 창문을 열어 주세요.[1)]
　→ 더워서 창문을 열었어요.

---

1) 일반적으로 '-아서/어서'를 '-(으)니까'보다 먼저 배우기 때문에 '더우니까 창문을 열어 주세요.'는 여기에서는 제시하면 안 된다.

3-3 연습

연습 단계는 제시 단계에서 학습한 내용을 학습자가 내재화해서 능숙하게 사용할 수 있도록 하는 단계이다. 연습은 기계적인 연습에 그치지 않고 유의미한 문장을 생성해낼 수 있도록 구성해야 한다.

이 연습 단계에서는 효율적인 연습을 하기 위해 연습의 방법, 연습 시간, 피드백 방법을 구체적으로 계획하고, 이때 나타날 수 있는 학습자의 오류를 예측해서 기록해 놓아야 한다.

목표 문법	-아서/어서

연습	준비물: 활동 카드
	활동형태: 짝활동 후 전체 발표로 진행.
	
	T: (교사는 파란색 활동 카드를 들고 질문한다)
	   여러분은 떡볶이를 좋아해요?
	S: 네, 좋아해요.
	T: 왜요?
	S: 맛있어요.
	T: 좋아요. 여기에 노란 카드하고 파란 카드가 있어요.
	   (노란색 활동 카드를 들고) 맛있어요. 떡볶이를 좋아해요.
	   맛있어서 떡볶이를 좋아해요. (노란색과 파란색 카드를 연결한다.)
	   (간단하게 한두 문장을 더 시범을 보인다.)
	   여러분 지금부터 친구하고 같이 문장을 만드세요.
	   (교사는 교실을 돌아다니며 학생들이 만드는 문장에 오류가 없는지 살핀다.)
	   ※ 학생들이 선행절과 후행절을 바꾸어 만드는 오류가 나타 날 수 있다.
	     예) 가방을 사서 싸요. (×) → 가방이 싸서 샀어요.
	     후행절에 이전에 학습한 '-(으)세요', '같이 -아요/어요'를 쓰지 않는지 주의 깊게 살핀다.
	     예) 떡볶이를 좋아해서 드세요. (×) → 떡볶이를 좋아해서 먹었어요. (○)
	T: (교사는 학생들이 만든 문장으로 대답할 수 있는 질문을 준비하여 확인한다.)
	   에릭 씨는 왜 떡볶이를 좋아해요?
	   이 가방을 왜 샀어요? …

3-4 활용

활용 단계는 연습 단계에서 익숙해진 문장 표현을 한 단계 발전시켜 실제 언어 상황에서 사용할 수 있도록 하는 단계이다.

목표 문법	-아서/어서
활용	준비물: 날씨 현상을 보여줄 수 있는 PPT 사진자료, 인터뷰지 활동방법: 인터뷰 활동 → 전체 확인 T: 한국은 봄, 여름, 가을, 겨울이 있어요. 　봄은 어때요? 　(학생들에게 다양한 대답이 나올 수 있도록 여러 명에게 질문한다.) Ss: 따뜻해요. … T: 여름은 어때요? … (학생들에게 봄, 여름, 가을, 겨울의 현상에 대해 질문하고 대답이 잘 나오지 않을 경우 사진자료를 보여주며 계절 현상에 대한 표현을 알려준다.) 　그럼, 뚜안 씨는 어떤 계절을 좋아해요? S1: 저는 겨울을 좋아해요. T: 왜 겨울을 좋아해요? S1: 눈을 볼 수 있어서 겨울을 좋아해요. T: 아, 그래요? 왕이 씨는요? S2: 저는 따뜻해서 봄을 좋아해요. T: 네, 여러분 지금부터 친구하고 어떤 계절을 제일 좋아해요? 어떤 계절을 안 좋아해요? 이야기를 할 거예요. 　4명의 친구를 만나세요. 친구 이야기를 듣고 여기에 쓰세요. 　(교사는 학생들이 다양한 학생들과 만나서 질문, 대답을 할 수 있도록 한다. 학생들이 너무 쓰는 것에만 집중하지 않고 실제 대화를 할 수 있도록 지도한다.) 　… 　자, 그러면 티엔 씨가 어떤 계절을 좋아해요? 미카 씨가 이야기해 보세요. 　(메모한 내용을 보고 친구가 좋아하는 계절과 이유를 말할 수 있도록 교사는 질문한다.)

3-5 마무리

마무리 단계는 해당 차시 수업에서 학습한 내용을 학습자들이 이해를 했는지 최종적으로 확인하고 정리하는 단계이다. 이때 마무리는 교사가 해당 문법의 의미를 다시 제시하는 것이 아니라 질문을 통해서 해당 표현을 학습자 스스로 발화할 수 있도록 하는 것이 바람직하다.

목표 문법	-아서/어서
마무리	T: 우리는 오늘 '-아서/어서'를 공부했어요. 여러분은 쉬는 시간에 뭐 할 거예요? S1: 피곤해서 쉴 거예요. S2: 배가 고파서 빵을 먹을 거예요. T: 네, 좋아요. 다음 시간에는 '인사표현'을 배울 거예요. 10분 쉬세요.

4강

모의수업 교안 작성 ②

학습 목표

- 등급별 교육목표를 이해한다.
- 제시된 교안을 이해하고 교안 작성 원리를 파악한다.
- 교안 작성을 연습한다.
- 모의수업용 문법 목록을 확인한다.

수업을 준비하기 전에 교수해야 할 대상의 수준을 파악하는 것은 매우 중요하다. 특히 급별로 목표하는 수준을 이해해야 교수 내용의 방향성과 적합성을 올바르게 세울 수 있을 것이다.

일반적으로 한국어 교육과정에서 등급별로 설정한 목표는 아래와 같다.

1 등급별 교육 목표

국제 통용 한국어 표준 교육과정(2017)

등급	듣기	말하기	읽기	쓰기
1	일상생활에서 오가는 매우 간단한 대화와 빈번하게 사용되는 정형화된 표현을 이해할 수 있다.	자신과 다른 사람을 소개할 수 있고 일상생활에서 오가는 매우 간단한 대화와 빈번하게 쓰이는 정형화된 표현을 생산할 수 있다.	기본적인 음운 규칙에 맞게 정확하게 읽을 수 있으며 일상생활과 관련된 매우 간단한 글을 읽고 이해할 수 있다.	기본적인 맞춤법에 맞게 글자를 정확하게 쓸 수 있으며 일상생활에 관한 간단한 글을 쓸 수 있다.
2	일상생활에서 자주 접하는 주제의 대화를 이해할 수 있으며 자주 가는 장소에서 흔히 접하는 담화의 주요 정보를 이해할 수 있다.	일상생활에서 자주 접하는 주제의 대화를 할 수 있으며 일상생활에서 자주 가는 장소에서 묻고 답할 수 있다.	일상생활과 관련된 글을 읽고 이해할 수 있으며 쉽고 간단한 생활문을 읽고 이해할 수 있다.	일상생활에서 경험한 일이나 친숙한 인물에 관한 글을 쓸 수 있다.
3	주제에 대한 간단한 담화를 이해할 수 있으며 일상생활에서 자주 오가는 대부분의 대화를 이해할 수 있다.	친숙한 사회적·추상적 주제와 자신의 관심 분야에 대해 간단한 대화를 할 수 있으며 대화 상황을 어느 정도 구분하여 말할 수 있다.	주제로 된 글을 읽고 대체로 이해할 수 있으며 구조가 복잡한 생활 문과 실용문, 구조가 단순한 설명문을 읽고 이해할 수 있다.	친숙한 사회적·추상적 주제로 된 글을 간단한 구조로 쓸 수 있다.

등급	듣기	말하기	읽기	쓰기
4	친숙한 사회적·추상적 주제에 대한 대부분의 담화를 이해할 수 있으며 자신의 직업과 관련된 기본적인 업무 상황에서의 대화를 이해할 수 있다.	친숙한 사회적·추상적 주제와 자신의 관심 분야에 대해 비교적 유창하게 묻고 답할 수 있으며 자신의 직업과 관련된 업무 상황에서 요구되는 비교적 간단한 의사 소통을 할 수 있다.	친숙한 사회적·추상적 주제로 된 글을 읽고 이해할 수 있으며 설명문, 논설문, 쉽고 짧은 문학 작품을 읽고 이해할 수 있다.	친숙한 사회적·추상적 주제로 된 글을 정확하게 쓸 수 있으며 설명문, 논설문, 쉽고 짧은 감상문을 쓸 수 있다.
5	친숙하지 않은 사회적·추상적 주제 및 자신의 직업이나 학문 영역에서의 간단한 담화를 어느 정도 이해할 수 있다.	친숙하지 않은 사회적·추상적 주제 및 자신의 직업이나 학문 영역에 대해 어려움 없이 설명하고 자신의 의견을 유창하게 말할 수 있다.	친숙하지 않은 사회적·추상적 주제나 자신의 전문 분야에 관한 글을 읽고 대체로 이해할 수 있으며 비교적 짧고 단순한 문학 작품을 읽고 이해할 수 있다.	친숙하지 않은 사회적·추상적 주제나 자신의 전문 분야에 관한 글을 구조에 맞게 쓸 수 있다.
6	친숙하지 않은 사회적·추상적 주제 및 자신의 직업이나 학문 영역에서의 다양한 담화를 거의 대부분 이해할 수 있다.	친숙하지 않은 사회적·추상적 주제 및 자신의 직업이나 학문 영역에 대한 의견을 논리적으로 주장할 수 있으며 자신의 전문 분야에 대해 상세하고 유창하게 말할 수 있다.	친숙하지 않은 사회적·추상적 주제나 자신의 전문 분야에 관한 글을 읽고 내용을 이해할 수 있으며 비교적 쉬운 문학 작품을 읽고 감상할 수 있다.	친숙하지 않은 사회적·추상적 주제나 자신의 전문 분야에 관한 글을 논리적인 구조로 쓸 수 있으며 다양한 장르의 특성을 고려한 글을 쓸 수 있다.

기본적으로 초급은 자신의 주변에서 이루어지는 일상생활의 주제와 관련된 내용이 주를 이룬다. 중급은 일상생활의 심화된 주제에서, 비교적 가벼운 추상적, 사회적 주제를 다루게 된다. 고급은 사회적, 추상적 주제에서 학문적 주제까지 다루게 된다. 본인에게 익숙하고 친숙한 단계에서 사회적 주제까지 멀어지는 단계로 심화되는 것이다.

범주가 같은 문법이라도 문법의 난이도, 사용 빈도에 따라 등급이 달라진다. 또한 각 교재별로 설정된 등급이 달라지기도 한다. 여기에서 무엇보다 중요한 것은 해당 문법을 교수 대상의 수준에 맞게 제시하는 것이다. 그 수준을 파악하기 위해서 선행되어야 하는 것은 연계된 급의 교수요목을 살피는 것이다.

2 교안 작성의 예

'이유'의 의미를 나타내는 대표적인 표현을 급의 수준에 맞게 분류해 보면 다음과 같다.

등급	표현
초급	-아서/어서 -(으)니까
중급	-느라고 -는 바람에
고급	-는 통에

위의 표현을 교수할 때 적합한 도입 상황을 제시하는 것도 중요하지만 교사말에 대한 부분도 고려해야 한다. 교사의 말이 학습자 수준에 맞는지 확인해야 한다.

초급

학습 내용	-(으)니까
단계	교수-학습 활동
도입	(수업 전 날씨 상황에 따라 미리 문을 열어 놓거나 닫아 놓는다.) T: 창문을 열까요? Ss: 아니요, 열지 마세요. T: 왜요? Ss: 추워요. (혹은 시끄러워요.) T: 아, 추워요. 창문을 열지 마세요. 　　추우니까 창문을 열지 마세요. T: 여러분, 등산을 좋아해요? Ss: 네, 좋아해요. S1: 아니요, 등산을 안 좋아해요. T: (등산을 안 좋아한다고 대답한 학생에게 질문한다.) 　　우리 오늘 등산하러 갈까요? S1: 아니요, 등산은 힘들어요. T: 그럼 뭘 할까요? S1: 영화 보러 가요. T: 네 등산은 힘드니까 영화를 보러 가요. (칠판에 도입에서 학생들이 말한 내용을 쓰면서 다시 한 번 질문한다.) T: 여러분, 티엔 씨가 창문을 열지 마세요. 말했어요. 왜요? Ss: 추워요. T: 맞아요. 추워요. 창문을 열지 마세요. (판서한다.) 말했어요. 　　추우니까 창문을 열지 마세요. 이렇게 말해요. (연결이 되는 부분을 빨간색 펜으로 바꿔서 시각적으로 강조한다.) T: 스테판 씨가 오늘 영화를 보러 가요. 말했어요. 왜요? S1: 등산은 힘들어요. T: 맞아요. 등산은 힘들어요. 영화를 보러 가요. 　　등산은 힘드니까 영화를 보러 가요. 말했어요. (동일한 방법으로 판서한다.) 　　오늘은 '-(으)세요, -지 마세요. -해요.' 앞에 왜요? 같이 말해요. 배울 거예요.

제시	(교재 예문을 함께 읽고 의미를 설명한다.) 길이 막히니까 지하철을 타세요. 오늘은 바쁘니까 내일 만나요. 날씨가 좋으니까 한강에 가요. (아래의 활용 규칙을 정리해서 교체 형태를 보여 준다.) | 동사	-(으)니까	형용사	-(으)니까
가다	가니까	바쁘다	바쁘니까
먹다	먹으니까	좋다	좋으니까
공부하다	공부하니까	힘들다	힘드니까
살다	사니까	춥다	추우니까	
---	---

중급

학습 내용	-느라고
단계	교수-학습 활동
도입	T: 유카 씨, 오늘 많이 피곤해 보이네요. 어제 늦게 잤어요? S1: 네, 게임을 했어요. 그래서 늦게 잤어요. T: 아, 게임을 해서 늦게 잤어요. 　　게임을 하느라고 늦게 잤어요? S1: 네. T: 반밍 씨, 아침에 왜 전화를 안 받았어요? S2: 음악을 들었어요. 그래서 전화벨 소리를 못 들었어요. 잤어요. 그래서 못 들었어요. T: 아, 음악을 들어서 전화벨 소리를 못 들었어요? 　　음악을 듣느라고 전화벨 소리를 못 들었어요? S2: 네, 음악을 듣느라고 전화벨 소리를 못 들었어요.
제시	(칠판에 도입에서 학생들이 말한 내용을 쓰면서 다시 한 번 질문한다.) T: 여러분, 유카 씨가 어제 왜 늦게 잤어요? Ss: 게임을 해서 늦게 잤어요. T: 맞아요. (판서로 쓴다.) 　　게임을 하느라 늦게 잤어요. T: 여러분, 반밍 씨는 왜 전화를 안 받았어요? Ss: 음악을 들어서 전화벨 소리를 못 들었어요. T: 맞아요. (판서로 쓴다.) 　　음악을 듣느라고 전화벨 소리를 못 들었어요. 　　오늘은 하지 못한 일이나 안 좋은 일의 이유를 말할 때 사용하는 '-느라고'를 배울 거예요. (교재 예문을 함께 읽고 의미를 설명한다.) 가: 티엔 씨, 점심 먹었어요? 나: 아니요, 회의하느라고 점심을 못 먹었어요.

제시	가: 요즘 어떻게 지내요? 나: 아르바이트를 하느라고 바빠요. T: '–느라고' 앞에는 동사만 사용할 수 있어요. 그리고 '점심을 못 먹었어요. 늦었어요'처럼 안 좋은 일이 뒤에 와요. 뒤에 '바빠요, 힘들어요' 같은 형용사를 사용해요. 또, 누가 회의해요? 누가 점심을 못 먹었어요? 앞의 사람, 뒤의 사람이 같아야 해요.

고급

학습 내용	–는 통에
단계	교수–학습 활동
도입	T: 여러분 이 뉴스는 요즘 한국에서 많이 나오는 뉴스인데요. 뉴스를 보고 한번 이야기해 봅시다. (층간 소음과 관련된 동영상 뉴스를 본다.) 여러분은 혹시 옆집에 사는 사람들 때문에 불편했던 적이 있나요? S1: 우리 옆집에 사는 사람은 밤마다 노래를 불러서 너무 시끄러워요. T: 그래서 잠을 못 잤어요? S1: 네, 어제도 그래서 잠을 못 잤어요. T: OO 씨는 옆집 사람이 계속 크게 노래를 부르는 통에 잠을 못 잤대요. T: 여러분은 커피숍이나 식당에 갔을 때 아이들이 뛰어다니는 모습을 본 적이 있나요? 그때 어땠어요? S2: 지난번에 식당에 갔는데 아이들이 시끄럽게 뛰어다녔어요. 그래서 밥을 정신없이 먹고 나왔어요. T: 아, OO 씨는 아이들이 뛰어다니는 통에 밥을 정신없이 먹었군요.
제시	(칠판에 도입에서 학생들이 말한 내용을 쓰면서 다시 한 번 질문한다.) T: OO 씨는 왜 잠을 못 잤어요? Ss: 옆집 사람이 계속 크게 노래를 불러서 잠을 못 잤대요. T: 네, (–아서/어서 부분을 지우고 –는 통에로 바꾼다.) 옆집 사람이 계속 크게 노래를 부르는 통에 잠을 못 잤어요. T: 여러분, OO 씨는 왜 정신없이 밥을 먹었어요? Ss: 아이들이 뛰어다녀서 밥을 정신없이 먹었대요. T: 맞아요. (–아서/어서 부분을 지우고 –는 통에로 바꾼다.) 아이들이 뛰어다니는 통에 밥을 정신없이 먹었어요. 오늘은 어떤 일의 이유를 나타내는 표현을 배울 건데요. 앞의 이런 상황이 생겨서 뒤에 안 좋은 결과가 나타날 때 사용하는 표현이에요.

	(교재 예문을 함께 읽고 의미를 설명한다.) T: '-는 통에' 앞에는 '-았-, -겠-'을 쓰지 않아요. 그리고 이 일이 한 번만 있거나 일반적인 일이 아니라 좀 정도가 심하게 나타날 때 말해요. 그리고 뒤에 잠을 잘 수가 없다, 일을 다 하지 못했다 같은 부정적인 결과가 나타나요. 아침에 늦게 일어난 통에 지각했다. (X) 아침에 늦게 일어나는 바람에 지각했다. (O) 아이가 시끄럽게 우는 바람에 잠을 못 잤다. (O)→ 의도성이 없는 일 아이가 시끄럽게 우는 통에 잠을 못 잤다. (O)→ 정도가 심함을 표현

	-는 바람에	-기 때문에	-는 통에
제시	• 과거 '-었-'과 결합하지 않는다. 예) 비가 왔는 바람에 여행을 취소했다. (X) 1. 주로 앞 절의 내용이 뒤 절의 부정적 결과에 영향을 끼친다. 부정적 원인이 있었음에도 의외의 긍정적 결과가 생긴 경우에도 사용할 수 있다. 예) 비가 오는 바람에 여행을 갈 수 없다. (O) 기차가 늦게 오는 바람에 기차를 탈 수 있었다. (O) 2. 앞 뒤 절의 주어가 같거나 다를 수 있다.	• 과거 '-었-'과 결합한다. 예) 비가 왔기 때문에 여행을 취소했다. (O) 1. 앞 절과 뒤 절의 내용이 긍정적, 부정적인 것과 상관이 없다. 예) 비가 오기 때문에 여행을 갈 수 있다. (O) 기차가 늦게 왔기 때문에 기차를 탈 수 있었다. (O) 2. 앞 뒤 절의 주어가 같거나 다를 수 있다.	• 과거 '-었-'과 결합하지 않는다. 예) 비가 왔는 통에 여행을 취소했다. (x) 1. 앞 절의 내용이 뒤 절의 부정적 결과에 영향을 끼쳐야 한다. 예) 비가 오는 통에 여행을 갈 수 없다. (O) 기차가 늦게 오는 통에 기차를 탈 수 있었다. (X) 2. 앞 뒤 절의 주어가 다르다.

3 교안 작성 연습

다음은 화자의 의도를 나타내는 표현을 급에 맞게 제시한 것이다. 하나를 선택하여 해당 급에 맞는 교안을 작성해 본다.

등급	표현
초급	–(으)ㄹ 거예요 –(으)ㄹ까 하다 –(으)려고 하다
중·고급	–고자 하다

학습 내용	
단계	교수–학습 활동
도입	

제시

4　모의수업용 문법 목록

다음은 모의수업에 적합한 문법 목록이다. '국제 통용 한국어 표준 문법 목록'을 기준으로 분류한 것이나 기관별 교재에 따라 제시된 급의 차이를 보일 수 있다. 부록에 함께 제시된 기관의 교재를 참고하면 대상 학습자의 수준을 알 수 있을 것이다.

1급	2급	3급	4급
-겠-	-는데(대립)	-던	-다시피
-었-	-으면	-느라고	-더라도
-고(나열)	-으면서	-도록	-더니
-으니까	-다가(중단)	-었더니	-던데(대립)
-으러	-을게	-자마자	-을수록
-으려고(의도)	-을래	-으려면	-는다면서(의문)
-으세요	-기로 하다	-고 싶어하다	-을걸
-을까	-은지	-은 다음에	-어야지
-고 싶다	-은 적이 있다	-을텐데	-다니
-고 있다	-어 보다	-으면 안 되다	-는 김에
-어야 되다	-어 주다	-으면 좋겠다	-는 바람에
-을 수 있다	-어도 되다	-는 편이다	-어 버리다
	-기 때문이다		-을 뻔하다

5강

모의수업 교안 작성 ③

학습 목표

- 각 영역의 활동 유형을 파악한다.
- 각 영역별 실제 교안을 통해 수업 구성을 이해한다.

이 강에서는 일반적으로 다루는 문법에 대한 교안이 아닌 실제 수업에서 이루어지는 4개의 영역으로 나누어 각 영역의 활동 유형의 특징을 알아보고자 한다. '여행'이라는 하나의 주제로 각 영역별 교안을 작성하여 실제 수업에서는 각 영역 수업을 어떻게 진행할 수 있는지도 살펴볼 것이다.

1 말하기 영역

1.1. 말하기 활동 유형

말하기 활동 유형은 문장의 정확성을 높이는 말하기 통제된 연습(기계적인 드릴, 유의미한 드릴), 여러 명을 만나 원하는 정보를 얻는 인터뷰, 서로 다른 정보를 가지고 부족한 정보를 얻는 정보차 활동, 상황을 설정하고 그 안에서 이루어지는 대화를 연습하는 역할극, 학생들에게 흥미를 유발하는 게임, 특정한 주제에 대해 여러 학생들 앞에서 하는 발표, 어떤 주제에 대해 자신의 의견을 주장하는 토론 등이 있다. 이러한 활동은 각 주제나 상황에 따라 다양하게 선택할 수 있으나 학생의 수준을 고려하여 세밀하게 활동을 구성해야 한다.

1.2. 말하기 영역 실제 교안

다음은 〈서울대 한국어 2A〉에 있는 '여행'을 주제로 한 말하기 활동을 진행하기 위한 교안이다. 핵심적인 말하기 연습을 중심으로 말하기 활동 전, 말하기 활동, 말하기 활동 후로 나누어 구성하였다.[1]

---

1) 영역별 차이를 보이는 것이 목적이므로 대화식 교안과 개조식 교안을 절충하여 제시하기로 한다.

수업 일시	○○○○년 6월 11일	수업 시간	50분	교사	김지수
제목	15과 여행을 가고 싶어요				
학습 목표	여행 계획에 대해 이야기할 수 있다.				
학습 내용	1. 한국의 유명 지역에서 할 수 있는 일을 익히고 여행 계획 말하기. 2. 가족이나 친구가 한국에 오면 같이 가고 싶은 곳에 대해 말하기.				
학습자 정보	340시간 정도 학습한 다국적(중국 5명, 일본 3명, 베트남 3명, 독일 1명) 성인 학습자 12명				

단계	교수-학습 활동	유의점	학습 자료	시간
활동 전	T: 여러분은 방학하면 뭘 할 거예요? S1: 고향에 돌아갈 거예요. S2: 부산에 갈 거예요. T: ○○ 씨는 부산에 어떻게 갈 거예요? S: KTX를 타고 갈 거예요. T: 부산에 가서 뭘 할 거예요? S: 바다도 구경하고 맛있는 음식도 먹을 거예요. T: 여러분은 한국에서 어디에 여행을 가고 싶어요? (학생들에게 질문한 후 한국의 유명 지역과 그곳에서 할 수 있는 일, 가는 방법에 대한 정보를 제공한다.) | | 할 수 있는 일 | 교통편 | |---|---|---| | 부산 | 해운대에서 수영하다 회를 먹다 | 고속버스 KTX | | 전주 | 한복을 입다 전주 비빔밥을 먹다 | 고속버스 KTX | | 안동 | 찜닭을 먹다 | 고속버스 기차 | | 평창 | 스키를 타다 | 고속버스 KTX |	교통편에 대한 언급은 하되 걸리는 시간 등 너무 많은 정보를 제시하지 않는다.	각 지역의 장소 사진, 음식 사진 등이 있는 PPT	10분

단계	교수-학습 활동	유의점	학습 자료	시간
활동	1. 교재에 있는 예시 대화를 문장 단위로 듣고 따라하기 (교사vs학생, 학생vs학생으로 나누어 읽어 본다.) 　※ 따라 읽기를 진행하는 동안 학생들의 발음을 확인하고 오류가 있을 경우 수정해 준다. 　　방학하는[방하카는], 끝나고[끈나고], 못 오면[모도면] 　　학생들이 여러 번 따라하면서 익숙해지면 주요 대답들을 삭제한 후 대화를 완성하게 한다. 2. 교사는 연습1의 활동 카드를 임의로 선택하여 학생 1명과 대화 예를 보여 준 후 연습을 진행한다. (짝활동으로 진행함.) 3. 모든 연습이 끝난 후 두 명씩 발표하게 한다.	교사는 학생들이 책을 보지 않고 실제 대화로 진행할 수 있도록 지도한다.	활동 카드	20분
활동 후	T: 여러분 친구, 가족이 한국에 왔어요? (있다고 할 경우) T: 어디에 갔어요? S: 경복궁에 갔어요. 등 T: 뭐 했어요? S: 한복을 입고 사진을 찍었어요. 등 (없다고 할 경우) T: 그럼 친구가 오면 어디에 가고 싶어요? S: (다양한 대답) T: 왜요? S: 음식이 맛있어요. 　　물건이 싸요. 등		인터뷰지	20분

단계	교수-학습 활동	유의점	학습 자료	시간
활동 후	T: 그럼, 지금부터 우리 반 학생들은 가족이나 친구가 한국에 오면 어디에 가고 싶어요? 만나서 이야기해 보세요. (학생들이 여러 명의 학생들을 만나서 인터뷰 할 수 있도록 지도한다. 말하기 활동에 집중하도록 메모만 간단히 하도록 한다.) 인터뷰 활동이 끝난 후 전체 학생들과 인터뷰한 내용에 대해 다시 확인해 본다.		인터뷰지	20분

2 듣기 영역

2.1. 듣기 활동 유형

듣기는 크게 듣기 전 활동, 듣기 활동, 듣기 후 활동으로 나눌 수 있다.

듣기 전 활동으로는 학생들이 듣기 활동을 하기 전 교사의 질문, 시각 자료 등으로 배경 지식을 활성화하는 활동, 관련 어휘를 미리 학습하여 듣기 이해도를 높이는 활동 등이 있다.

듣기 활동은 듣기 자체에 집중하며 필요한 정보를 찾아내도록 하는 활동으로 들은 내용 O×하기, 듣고 맞는 답 고르기, 들은 내용 순서대로 나열하기, 들은 내용 쓰기, 중심 내용 파악하기, 추측하기 등이 있다.

듣기 후 활동은 말하기, 쓰기와 연계하여 이루어진다. 듣기 후 활동은 들은 내용 요약하기, 들은 내용과 관련된 자신의 경험을 쓰거나 발표하기, 역할극 하기, 관련된 주제로 토론하기 등이 있다.

2.2. 듣기 영역 실제 교안

다음은 〈서울대 한국어 4B〉에 있는 '여행'을 주제로 한 듣기 수업을 진행하기 위한 교안이다. 듣기 전 활동, 듣기 활동, 듣기 후 활동으로 나누어 구성하였다. 듣기 활동은 말하기 또는 쓰기와 연계하여 이루어지는데 이 수업은 말하기 활동으로 이루어졌다.

수업 일시	○○○○년 6월 11일	수업 시간	50분	교사	김지수
제목	13과 여행의 즐거움				
학습 목표	계획 변경에 대한 변명과 실망하는 표현을 이해하고 표현할 수 있다.				
학습 내용	1. 여행 계획 변경 상황 듣고 이해하기. 2. 계획 변경에 대한 자신의 경험을 변명, 실망하는 표현을 사용하여 표현하기.				
학습자 정보	720시간 정도 학습한 다국적(중국 5명, 일본 3명, 베트남 3명, 독일 1명) 성인 학습자 12명				

단계	교수-학습 활동	유의점	학습 자료	시간
활동 전	T: 여러분은 친구들과 자주 여행을 하는 편인가요? S1: 네, 자주 여행을 하는 편이에요. T: 그럼, 친구하고 여행을 하면 누가 계획을 세우는 편이에요? S1: 친구요. S2: 제가요. T: 친구가 여행 계획을 세울 때, 내가 여행 계획을 세울 때 좋은 점과 나쁜 점은 뭐가 있을까요? (학생들에게 나온 장,단점을 나누어 판서해 놓는다.) 　그럼, 이렇게 계획을 세웠는데 계획과 달라지는 경우는 어떤 경우가 있을까요? S: 날씨가 나쁘거나 문을 닫았을 때 달라질 것 같아요. …… T: 이럴 때 여행을 준비한 사람은 어떤 얘기를 하고 같이 여행을 하는 친구는 어떤 얘기를 할까요? 한번 얘기해 보세요. (학생들의 대답을 듣고, 교재에 있는 표현을 학습한다.)	자주 여행을 안 간다는 대답만 나올 경우 '여행을 간다면'으로 가정하고 누가 계획을 세울 것인지로 바꾸어 질문한다.	교재	15분

단계	교수-학습 활동	유의점	학습 자료	시간
활동	1. 듣기 파일 1-2회 재생 후 세부 내용을 확인한다. 　1) 두 사람은 어디에 가기로 했어요? 　2) 왜 두 곳에 못 갔어요? 2. 두 사람 대사 중 변명과 실망에 대한 표현을 한 문장은 한 문장씩 끊어서 표현을 확인하고 따라하게 해 본다. 3. 중요 단어만 메모한 후 학생들이 들은 내용을 요약하여 말해 보게 한다.	전체 듣기 후 학생들의 이해 정도에 따라 끊어 듣기를 실시한다.	교재	15분
활동 후	T: 여러분은 우리가 들은 듣기처럼 계획이 달라진 경우가 있었나요? S: 네, 친구하고 제주도에 가기로 했는데 친구가 비행기표를 잘못 예약해서 못 갔어요. T: 그때 친구는 뭐라고 했어요? S: 오늘이 OO일인 줄 알았다고 했어요. T: 그때 OO 씨는 뭐라고 했어요. S: 어쩔 수 없으니까 다음에 가자고 했어요. T: 네, 지금부터 우리는 장소 카드를 보고 여행 계획을 세울 거예요. 친구하고 한번 계획해 보세요. (짝활동으로 진행, 여행 계획을 세우는 데 너무 세부적인 내용으로 진행되지 않게 지도한다.) 자 그럼, 계획이 달라지는 이유 카드를 보고 친구하고 다시 대화를 해 보세요. 이야기를 할 때 위에서 배운 표현을 사용해서 이야기해 보세요. (교사는 교실을 돌아다니면서 학생들의 대화 표현을 다듬어 준다.) (대화 연습이 끝나면 몇 팀만 발표를 진행한다.) (대화를 하지 않은 다른 학생들에게 두 사람의 기분이 어떨지 추측해 보게 한다.)	이 활동은 주도적으로 계획을 세운 사람과 함께 동행하는 사람의 구분이 있어야 하므로 학생들에게 그 역할을 정한 후 대화를 구성하게 한다.	활동 카드	20분

3 읽기 영역

3.1. 읽기 활동 유형

읽기 활동 역시 듣기와 마찬가지로 읽기 전 단계, 읽기 단계, 읽기 후 단계로 지도하는 것이 일반적이다.

읽기 전 단계에서는 제목을 보고 내용 추측해 보기, 관련 주제에 대해 이야기하기, 관련 사진이나 그림을 보고 토론하기, 핵심 어휘로 의미장 작성하기, 관련 새 어휘 학습하기 활동 등이 있다. 또 읽기 단계에서는 묵독, 훑어 읽기, 상세 정보 찾기(질문에 대답하기), 글의 구조 파악하기, 담화 표지어 주의하기, 모르는 어휘 의미 추측하기, 담화 표지어 주의하기 등의 활동이 있다.

읽기 후 활동은 듣기와 마찬가지로 다른 영역과 연계하여 진행하는 경우가 많다. 읽기 후 활동으로는 읽은 내용 요약하기, 이야기 재구성하기, 글의 내용에 대해 토론하기, 자신의 경험으로 유사한 글쓰기, 읽은 내용으로 편지 쓰기, 역할극하기 등이 있다.

3.2. 읽기 영역 실제 교안

다음은 〈서울대 한국어 4B〉에 있는 '여행'을 주제로 한 읽기 수업을 진행하기 위한 교안이다. 읽기 전 활동, 읽기 활동, 읽기 후 활동으로 나누어 구성하였다. 읽기 활동은 말하기 또는 쓰기와 연계하여 이루어지는데 이 수업은 말하기 활동으로 이루어졌다.

수업 일시	○○○○년 6월 12일	수업 시간	50분	교사	김지수
제목	13과 여행의 즐거움				
학습 목표	여행을 특별하게 만드는 자신만의 방법과 관련된 글을 이해하고 자신의 경험도 글로 소개할 수 있다.				
학습 내용	1. 여행 관련 글을 읽고 이해하기 2. 여행을 가서 해 보고 싶은 일에 대해 글로 표현하기				
학습자 정보	720시간 정도 학습한 다국적(중국 5명, 일본 3명, 베트남 3명, 독일 1명) 성인 학습자 12명				

단계	교수-학습 활동	유의점	학습 자료	시간
활동 전	T: 여러분은 여행을 가면 주로 뭘 해요? S1: 맛있는 음식을 먹으러 다녀요. S2: 유명한 곳에 가서 사진을 찍거나 사람들을 구경해요. (학생들이 여행에서 하는 일들에 대해 대답을 들음.) T: 그럼 여행을 가서 꼭 해 보고 싶은 일이 있어요? S: 일주일 동안 그 곳 사람들처럼 살아 보고 싶어요. 등.	읽은 내용 중 어려운 단어나 미학습 표현이 있으면 미리 제시한다.	교재	10분

활동	1. 읽기 (묵독)
	2. 내용 파악하기 질문 ①
	  1) 이 사람은 어디로 여행을 다녀왔어요?
	  2) 이 사람이 여행을 할 때마다 꼭 하는 일은 뭐예요?
	  3) 이번 여행에서 한 특별한 일은 뭐예요?
	3. 세부 내용 파악하기 질문 ②
	  1) 여행을 가서 꼭 하는 일은 무엇입니까?
	  2) 청산도에서 특별히 한 일은 무엇입니까?
	  3) '느린 우체통'이 다른 우체통과 다른 점은 무엇입니까?
	  4) 1년 후에도 기억하고 싶은 것은 무엇일까요?
	4. 문장 이해하기
	  '누구나 하는 평범한 여행을 하느니 차라리 여행을 안 가는 게 낫다고 생각한다.' 가 의미하는 내용 파악하기
		먼저 묵독으로 읽은 후 내용 파악 후 다시 중요한 문장을 소리내서 읽는다.	교재	15분

활동 후	T: 여러분은 이 글을 쓴 사람처럼 나만의 여행 방법이 있나요? 우선 이 동영상을 보고 한번 이야기해 볼까요? (유명 여행지마다 똑같은 동작을 해서 기록한 동영상을 함께 감상한다.) 여러분도 이렇게 여행을 가서 꼭 해 보는 일들이 있나요? 왜 이런 일을 해요? 친구들하고 이야기해 보세요. (그룹활동으로 진행한다.) (활동이 끝나면 몇 명은 앞으로 나와 발표하게 한다.)		동영상 자료	25분

4   쓰기 영역

4.1. 쓰기 활동 유형

쓰기 활동은 구나 문장 단위의 쓰기부터 단락 쓰기, 긴 글쓰기까지 길이가 달라지는 경우가 있고 이야기 뒷부분 구성하기, 모방해서 글쓰기, 그림이나 도표를 보고 글을 쓰는 **통제된 글쓰기**와 편지쓰기, 일기쓰기, 기행문 쓰기, 보고서 쓰기 등의 **자유로운 글쓰기** 활동으로 나눌 수 있다.

여러 활동 중 어떤 주제에 대해 자신의 의견을 논리적으로 글을 쓰는 활동은 주로 중고급에 어울리는 활동이고, 보고서 쓰기는 글의 형식을 이해해야 하는 부분이 있기 때문에 고급에 적합한 활동이다.

4.2. 쓰기 영역 실제 교안

다음은 <서울대 한국어 4B>에 있는 '여행'을 주제로 한 쓰기 수업을 진행하기 위한 교안이다. 교재는 읽고 쓰기로 구성되어 있으나 이 수업이 50분으로 진행되지 않아 쓰기 활동에만 집중하는 교안으로 구성하였다.

수업 일시	○○○○년 6월 12일	수업 시간	50분	교사	김지수
제목	13과 여행의 즐거움					
학습 목표	여행지를 소개하는 글의 형식을 이해하고 쓸 수 있다.				
학습 내용	자기 나라의 유명한 여행지에 대해 소개하는 글쓰기				
학습자 정보	720시간 정도 학습한 다국적(중국 5명, 일본 3명, 베트남 3명, 독일 1명) 성인 학습자 12명				

단계	교수-학습 활동	유의점	학습 자료	시간
활동 전	T: 다른 나라의 관광지를 소개하는 글을 읽는다면 어떤 내용을 알고 싶을 것 같아요? S: 가는 방법, 시간, 구경할만한 곳, 맛있는 음식 등을 알고 싶을 것 같아요. (학생들이 다양하게 대답하는 핵심 단어만 칠판에 판서한다.)			5분
활동	1. 개요 작성 학생들이 글을 구성할 수 있도록 간단한 질문이 있는 개요표를 배부하고 개요를 완성하게 한다. 2. 개요 피드백 학생들이 작성한 개요를 보면서 구성을 수정해 준다. (음식 소개나 장소 소개로만 치우지지 않도록 지도한다.) 3. 쓰기 개요 피드백을 받은 학생들은 쓰기를 진행한다.	1. 쓰기체로 쓰도록 지도한다. 2. 학생들의 쓰기 속도가 다르므로 쓰기가 끝난 학생들은 글의 내용을 외우도록 한다.	개요표 긴글쓰기 용지	35분
활동 후	(원고를 미리 완성한 학생들 중 2명 정도가 나와서 자신의 나라의 여행지에 대해 발표하게 한다.) T: 지금부터 한 사람씩 나와서 여행지에 대해 발표를 할 거예요. 여러분은 잘 듣고 그 여행지에 대해 알고 싶은 것이 있으면 질문하세요.			10분

3부
강의참관

6강

강의참관 ①

학습 목표

- 강의참관의 의미와 운영 방식을 이해한다.
- 강의참관 진행에 필요한 절차를 익힌다.
- 강의참관 교안 작성의 필요성을 이해한다.
- 강의참관 일지 작성법을 익힌다.

1 강의참관 개요

강의참관은 한국어 수업 현장에 가서 실제 수업을 참관하는 것을 말한다. 한국어 교사로서 수업을 직접 진행하기에 앞서 그동안 학습한 한국어학과 한국어교수법을 비롯한 한국어교육 관련 지식이 현장에서 어떻게 구현되는지를 확인하는 것이다. 이론으로 학습한 내용을 실제로 실현하기 위한 마지막 입력으로서 샘플을 볼 수 있는 과정이 필요한데 이것이 바로 강의참관이다.

2 강의참관 운영 방식

국립국어원(2017:16~19)의 한국어교육 실습 교과목 운영지침에서 제시한 강의참관 운영 지침은 다음과 같다.

> - 강의참관은 실습 교과목 수강생이 한국어교육경력 인정 기관 등에서 운영하고 있는 한국어 학습자를 대상으로 하는 한국어 수업을 관찰·분석하는 교과 내용을 말한다.
> - 수강생은 실습 교과목 담당교수에게 강의참관 일지 또는 참관 결과보고서 중 하나를 반드시 제출해야 한다.
>   - 강의참관 일지에는 참관 장소, 참관 일자, 참관 내용, 참관을 지도하는 교수(교사)명 등이 반드시 기재되어야 한다.
>   - 참관 결과보고서에는 참관 장소, 참관 기간, 참관 횟수, 총 참관 시수, 참관 개요 등이 기재되어야 한다.
> - 강의참관 인원은 참관 대상 학습자들에게 피해가 되지 않도록 참관 교실 크기와 학습자 수를 고려하여 결정하되, 5명을 넘지 않도록 한다. 강의참관 시 한국어 학습자 수준은 초급, 중급, 고급을 골고루 참관할 수 있게 한다.

위의 운영지침에 따라 강의참관의 진행과 절차를 반드시 확인하여야 한다. 우선 참관할 기관이 한국어교육경력 인정 기관이어야 하고 방식이 '관찰참관'임을 명심해야 한다. 수업 진행에 참여하는 것이 아니라 수업을 관찰하고 분석하는 관찰참관인 것이다. 참관 인원은 한 수업에 5명으로 제한하고 있으며 학습자 수준을 골고루 참관하도록 되어 있다.

강의참관은 참관할 기관 선정 후 참관 관련 세부 사항을 사전에 논의하여 협약서를 체결한 후 진행하는 것이 바람직하다. 참관 인원은 5명 이내로 하되 참관 급은 기관의 형편에 따라 달라질 수 있다. 참관 일정은 참관할 학생수와 기관의 초·중·고급의 학급수에 따라 융통성 있게 편성하게 되는데 초·중급 수업의 참관을 주로하고 고급도 한 번은 포함하는 것이 일반적이다.

강의참관은 담당교수가 현장에서 강의참관을 동행하는 것은 아니나 강의참관의 전 과정을 지도하여야 한다. 즉, 강의참관 전 사전교육, 참관할 수업에 대한 교안 작성, 참관 후 강의참관 일지 제출 등은 물론이며 참관한 수업에 대한 토론과 질의응답의 기회가 주어져야 한다. 참관생들 각자가 이해한 내용을 토대로 토론을 하고 관찰한 내용에 대한 전문가와의 질의응답을 통해 강의참관의 효과를 높일 수 있다.

3 강의참관 진행

강의참관은 실제로 수업이 진행되는 현장을 직접 본다는 것에 그 의미가 있다. 예비 한국어교사가 실제 수업을 관찰함으로써 모의수업에 앞서 자신의 수업을 어떻게 준비해야 할지를 구상할 수 있기 때문이다. 효과적인 강의참관이 되기 위해서는 철저한 준비가 필요하다.

(1) 강의참관 사전교육

강의참관을 위한 사전교육은 강의참관 진행을 위한 내용과 교육을 위한 내용으로 구분할 수 있는데 이것을 실습 기관의 현장실습지도자와 교과목 담당교수가 나누어 진행할 수도 있고 통합하여 진행할 수도 있다. 사전교육에 포함되어야 할 내용을 정리하면 다음과 같다.

① 참관 기관, 학습자, 교실 환경에 대한 정보

참관생들은 참관할 수업과 관련된 정보를 사전에 알고 있어야 한다. 우선 기관에 대한 객관적인 정보를 기관의 홈페이지나 기사 검색 등을 통해 알아보고 해당 기관이 추구하는 교육방식에 대한 정보도 사전에 알아두면 수업을 이해하는 데에 도움이 된다. 학습자에 대한 정보도 어느 정도는 사전에 파악하고 있어야 한다. 학습자들의 모어, 문화, 학습 목적, 성향 등의 학습자 변인을 고려하여 수업을 관찰할 수 있기 때문이다. 학습자 수와 학습 목적, 국적 정도를 사전에 알려주는 것이 일반적이다. 교실 환경도 사전에 알아두는 것이 필요한데, 교실 크기, 책상 배치와 사용 가능한 기자재의 종류 등은 강의참관을 위한 교안 작성 시에도 영향을 주기 때문이다.

② 참관 세부 일정 및 해당 수업 내용

참관할 수업의 세부 일정이 사전에 안내 되어야 한다. 9시간 또는 15시간의 수업 참관을 할 경우 각 수업의 수업 시간, 교실 위치, 수업에서 사용하는 교재 및 단원, 해당 수업의 학습 목표 등 상세한 정보를 갖고 참관 수업을 준비해야 하기 때문이다. 수업할 내용에 해당하는 교재를 사전에 준비하여 교안을 작성한 후 참관하는 것이 효과적이다.

③ 강의참관을 위한 교안 및 일지 작성법

강의참관 교안 작성법은 일반적인 교안 작성법과 크게 다르지 않으므로 작성법에 대한 구체적인 설명은 하지 않아도 된다. 하지만 참관할 수업의 급(한국어 수준), 학습 목표, 학습 내용에 대한 구체적인 정보가 필요하다. 이것을 교재의 쪽수로 전달할 수도 있고 내용을 별도로 정리하여 전달할 수도 있다. 교안의 형식도 일반적인 5단계의 교안을 사용할 수도 있고 참관할 수업의 성격에 따라 변형된 양식을 사용할 수도 있다. 일지 역시 참관하는 모든 수업에 대한 참관일지를 작성해야 한다. 사전교육 시간을 통해 교안 및 일지 양식을 제시하고 작성법과 제출일, 제출방법 등이 안내되어야 한다.

④ 강의참관 시 주의사항

한국어교육 실습에서의 강의참관은 관찰참관이므로 수업에 직접 참여하지 않으며 무엇보다도 수업에 방해가 되지 않도록 참관해야 한다. 한마디로 수업하는 교사의 교수권과 수업을 듣는 학생들의 학습권을 침해하지 않도록 주의해야 한다. 일반적인 주의사항을 포함하여 다음과 같은 강의참관 규칙을 정해 배부하는 것도 좋다.

강의참관 규칙

참관생이 참관하시는 수업은 국제어학원 학생들의 정규수업입니다.
학생들의 수업 집중에 방해되는 모든 행위를 금해 주시기 바랍니다.

1. 수업 중에 문을 열고 이동하지 않습니다.
 – 지각이나 수업 종료 전 퇴실을 삼가 주시기 바랍니다.

2. 수업 중에 소리를 내지 않습니다.
 – 잡담, 핸드폰 신호음 및 통화, 노트북 타자 등으로 수업에 방해되는 일체의 행위를 삼갑니다.
 – 수업 중 교사에게 질문을 하거나 학생에게 말을 걸지 않습니다.

3. 해당 수업과 관련된 고유 정보를 수집하지 않습니다.
 – 복사, 녹음, 사진 및 동영상 촬영을 하지 않습니다.
 – 교사 및 학생의 연락처를 요구하지 않습니다.

4. 교사와 학생의 일과를 방해하지 않습니다.
 – 교사와 학생이 쉬는 시간에 쉴 수 있도록 도와주시기 바랍니다.

5. 정숙한 태도로 참관생의 품위를 지킵니다.
 – 부적절한 자세(면접관이나 심사자 같은 자세; 다리 꼬기, 팔짱 끼기, 곁눈으로 보기)로 교사나 학생에게 불쾌감을 주지 않습니다.

6. 자신이 작성한 해당 수업 지도안과 교재를 준비하여 참관합니다.
 – 강의참관 할 수업의 내용으로 사전에 교안을 작성하신 후 지참하시기 바랍니다.

강의참관 모든 일정에 상기 규칙을 준수하여 주시기 바랍니다.

⑤ 강의참관 확인

참관한 내용을 인정받기 위해서는 강의참관 확인이 필요하다. 참관일지를 실습지도자에게 제출하여 강의참관 내용에 대한 확인을 받는 방법도 있고, 참관한 수업을 강의한 교사의 출석확인 사인을 받은 출석확인표와 참관일지를 담당교수에게 직접 제출하여 강의참관 내용을 확인 받는 방법도 있다. 기관의 형편에 따라 구체적인 방법은 다를 수 있다.

(2) 강의참관 교안 작성

현실적으로 강의참관의 회수가 제한되어 있으므로 주어진 기회를 최대한 효과적으로 활용하기 위해서 참관할 수업에 대한 교안 작성은 반드시 필요하다. 일반적인 교안의 형식인 5단계의 교안을 사용할 수도 있고 참관할 수업의 성격에 따라 변형된 양식을 사용할 수도 있다. 예를 들면, 정규수업이 아닌 초급 학생들을 위한 문법 특강수업을 참관할 경우, 해당 시간에 다루는 문법의 도입과 제시에서 사용할 예문을 중심으로 [양식1]과 같은 교안을 사용할 수 있다.[1]

---

1) '강의참관 교안' 샘플은 7강에서 제시함.

| 양식 1 | 수업 지도안(참관문법지도안) |

수업 지도안(참관문법지도안)

작성자	박유진	참관 장소	혜화관 G512
참관 일시	OOOO년 6월 21일 금요일 10:00–12:00	참관 급수	1급
학습 내용	〈목표 문법1〉 –보다 (더)		

단계	교수–학습 활동
도입	〈도입 대화 2개 작성〉
제시	〈예문 4개(대화 1~2개 포함)〉

학습 내용	〈목표 문법2〉 –아서/어서②

단계	교수–학습 활동
도입	〈도입 대화 2개 작성〉
제시	〈예문 4개(대화 1~2개 포함)〉

학습 내용	〈목표 문법3〉 -(으)ㄹ 때
단계	교수-학습 활동
도입	〈도입 대화 2개 작성〉
제시	〈예문 4개(대화 1~2개 포함)〉

정규과정의 수업을 참관할 경우, 일반적으로 대학부설 한국어교육기관은 4시간을 한 단위로 수업이 진행되므로 양식 2 와 같은 4시간용 교안으로 작성할 수 있다.[2]

---

2) '강의참관 교안' 샘플은 8강에서 제시함.

양식 2 수업 지도안(참관_4시간)

수업 지도안(참관_4시간)

작성자	박유진	참관 급수	1급	차시	1/4
참관 일시	OOOO년 6월 21일 금요일 9:00-9:50			참관 장소	혜화관 G512
제목					
학습 목표					
학습 내용					

단계	교수-학습 활동	유의점	학습 자료	시간
도입				
제시				
연습				
활동				
마무리				

수업 일시	박유진	참관 급수	1급	차시	2/4
참관 일시	OOOO년 6월 21일 금요일 10:00-10:50			참관 장소	혜화관 G512
제목					
학습 목표					
학습 내용					

단계	교수-학습 활동	유의점	학습 자료	시간
도입				
제시				
연습				
활동				
마무리				

(3, 4차시 생략)

(3) 강의참관 수행 및 일지 작성

　강의참관 사전교육에서 안내한 일정대로 강의참관을 진행한다. 참관생들은 참관 규칙을 준수하며 준비한 참관교안과 교재를 준비하여 정해진 장소에서 관찰참관을 수행한다. 참관 중에는 자신이 작성한 교안에 실제 수업이 진행되는 내용을 메모하는 방식으로 관찰하는 것이 좋다. 수업 전에 해당 수업의 학습목표와 수업 내용을 제공받아 자신이 수업을 할 경우에 어떻게 할 것인지를 고민하여 작성한 교안이기 때문에 실제 수업에서는 어떻게 다르게 진행되는지를 비교해 보면서 관찰하는 것이 효과적이다. 도입과 제시 방법, 연습은 어떻게 진행하는지, 활용을 시작할 때는 교사가 어떻게 설명하는지, 특히 교사와 학생의 상호작용은 어떠한지, 한 단계에서 다른 단계로 넘어갈 때는 어떻게 하는지, 학생들의 이해정도를 어떻게 확인하며 진행하는지, 오류에 대한 피드백은 어떻게 하는지, 교실에서의 교사의 위치와 이동은 어떤지, 판서는 어떻게 하는지 등을 주의 깊게 관찰해야 한다. 시간과 주요 문장, 교사말 등을 되도록 자세히 기록하는 것이 좋다. 이러한 작업을 할 때 자신이 준비한 참관교안에 추가하여 기록하는 것이 훨씬 수월할 뿐만 아니라 효과적으로 수업을 파악할 수 있다.

　강의참관을 마친 후 참관한 내용으로 양식 3 과 같은 참관일지를 작성한다.[3] 참관을 2~3주에 걸쳐 진행하는 것이 일반적인데 참관 당일 해당 수업의 참관일지를 그때그때 정리해 주는 것이 좋다. 참관일지 대신 참관 보고서를 작성할 수도 있다.

---

3) '강의참관 일지' 샘플은 9강에서 제시함.

양식 3 강의참관 일지

강의참관 일지

학기	○○○○년 1학기	학번	
과목명	한국어교육 참관 및 실습	이름	
참관일	년 월 일(요일)	현장실습지도자 확인	(서명/인)
	참관 시간	참관 급수	강의 교수	참관 장소

참관 내용	※ 참관 일정에 따른 시간 순으로, 주요 활동 내용을 기술 ※ 학습 목표, 주요 내용, 강의자의 수업 자료 및 진행 방법 등을 수업 절차에 따라 자세히 기록
참관 소감	

(4) 토론 및 질의응답

강의참관 기간 중에는 해당 참관일지를 그때그때 제출하도록 하고 참관 일정을 모두 마친 바로 다음 수업에서는 이론 수업으로서 강의참관 관련 토론 수업을 진행한다. 이때 참관생들은 자신의 강의참관 일지를 준비하고 담당교수는 제출한 참관일지를 사전 검토하여 피드백 할 내용을 정리해 두어야 한다.

7강

강의참관 ②

학습 목표

- 초급 문법 교안에서 나타나는 도입 대화를 이해한다.
- 초급 문법의 제시 단계에서 사용하는 예문을 이해한다.

이 강에서는 초급 문법의 교안 샘플이 제시된다. 강의참관 시 참관할 수업의 목표 문형을 교안으로 작성해 봄으로써 강의참관을 좀 더 효율적으로 진행할 수 있다. 처음 교안을 작성할 때에는 해당 문법의 도입과 제시에서 사용할 예문과 대화를 준비하는 것으로 시작하는 것이 좋다.[1]

1 초급 문법 '–았/었–' 교안 샘플

작성자	박유진	참관 장소	G404
참관 일시	○○○○년 6월 21일 금요일 09:00–09:50	참관 급수	1급 초반
학습 내용	'–았어요/었어요'를 활용한 과거 시제 표현 학습		

단계	교수–학습 활동
도입	T: (티엔이 책 읽는 그림을 보여주며) 티엔 씨가 뭐 해요? Ss: 티엔 씨가 책을 읽어요. T: (어제 날짜가 있고, 티엔이 쇼핑하는 그림을 보여주며) <u>어제</u> 티엔 씨가 뭐 <u>했어요</u>? Ss: 티엔 씨가 쇼핑해요. T: <u>어제</u> 티엔 씨가 <u>쇼핑했어요</u>.

제시	[예문] 어제 도서관에 갔어요. 책을 읽었어요.
	
	[대화] 가: 어제 뭐 했어요?
	   나: 쇼핑했어요.
	   가: 어제 뭐 했어요?
	   나: 친구를 만났어요.
	
	   가: 언제 한국에 왔어요?
	   나: 3월 1일에 왔어요.
	
	   가: 언제 우체국에 갔어요?
	   나: 수요일에 우체국에 갔어요.
	
	   가: 어제 영화 봤어요.
	   나: 어땠어요?
	   가: 재미있었어요.

---

1) 강의참관 교안을 실제 교안으로 모두 작성하는 것이 바람직하나 여기에서는 참관을 위한 준비 교안으로서 도입에서는 실제 도입 대화를, 제시에서는 제시 단계에서 사용할 예문 정도를 작성하는 것으로 한다.

2 초급 문법 '한테' 교안 샘플

작성자	박유진	참관 장소	G405
참관 일시	○○○○년 6월 21일 금요일 10:00-10:50	참관 급수	1급 초반
학습 내용	한테		
단계	교수-학습 활동		
도입	T: (호세가 이메일을 쓰고 티엔에게 보내는 그림을 보여주며) 　누가 이메일을 썼어요? S: 호세 씨가 이메일을 썼어요. T: 누가 이메일을 받았어요? S: 티엔 씨가 이메일을 받았어요. T: 맞아요. 호세 씨가 티엔 씨한테 이메일을 보냈어요.		
제시	[예문] 친구한테 이메일을 보냈어요. [대화] 가: 아까 뭐 했어요? 　　　나: 친구한테 전화했어요. 　　　가: 아까 뭐 했어요? 　　　나: 알렉스 씨한테 문자메시지를 보냈어요. 　　　가: 아까 뭐 했어요? 　　　나: 유카 씨한테 선물을 줬어요. 　　　가: 아까 뭐 했어요? 　　　나: 왕호 씨한테 길을 물어봤어요.		

3 초급 문법 '-(으)면서' 교안 샘플

작성자	박유진	참관 장소	G406
참관 일시	○○○○년 6월 21일 금요일 11:00-11:50	참관 급수	1급 후반
학습 내용	-(으)면서		
단계	교수-학습 활동		
도입	T: (율리아가 신문을 보면서 커피를 마시는 그림을 보여주며) 　 율리아 씨가 뭐 해요? S: 율리아 씨가 신문을 봐요. 율리아 씨가 커피를 마셔요. T: 네, 맞아요. 율리아 씨가 신문을 봐요. 커피를 마셔요. 같이 해요. 　 율리아 씨가 신문을 보면서 커피를 마셔요.		
제시	[예문] 저는 항상 밥을 먹으면서 텔레비전을 봐요. [대화] 가: 유카 씨는 지금 뭐 하고 있어요? 　　　 나: 요리하면서 전화를 받고 있어요. 　　　 가: 호세 씨가 지금 뭐 하고 있어요? 　　　 나: 음악을 들으면서 산책하고 있어요. 　　　 가: 티엔 씨가 뭐해요? 　　　 나: 친구하고 이야기 하면서 밥을 먹고 있어요.		

4   초급 문법 '-아야/어야 되다' 교안 샘플

작성자	박유진	참관 장소	G407
참관 일시	○○○○년 6월 21일 금요일 12:00-12:50	참관 급수	1급 후반
학습 내용	-아야/어야 되다		
단계	교수-학습 활동		
도입	T: (문화체험 일정을 보여주며) 　　여러분, 우리 내일 어디에서 만나요? S: 국립극장 앞에서 만나요. T: 네 맞아요. 언제 만나요? S: 10시에 만나요. T: 아니에요. 10시에 만나면 늦어요. 안 돼요. 　　10시에 공연을 시작해요. 9시 50분까지 와야 돼요.		
제시	[예문] 휴대전화가 고장이 나서 새로 사야 돼요. [대화] 가: 오늘 오후에 남산에 갈까요? 　　　나: 미안해요. 도서관에 가야 돼요. 　　　가: 이번 토요일에 같이 영화 볼까요? 　　　나: 미안해요. 친구가 와서 공항에 가야 돼요. 　　　가: 내일 몇 시까지 와야 돼요? 　　　나: 9시까지 오세요. 　　　가: 얼마나 기다려야 돼요? 　　　나: 30분쯤 기다리셔야 돼요.		

8강

강의참관 ③

학습 목표

- 개별 수업이 4시간 단위로 연결되어 진행되는 것을 이해한다.
- 4시간 통합 수업의 교안을 통해 실제 수업을 이해한다.

이 강에서는 초급 4시간 교안 샘플이 제시된다. 하나의 단원이 개별수업에서 어떻게 연계되어 진행되는지를 보여주기 위해서이다. 또한 일반적으로 대학부설 한국어 교육기관에서 1일 4시간을 하나의 단위로 수업이 진행되기 때문에 1일 전체의 수업을 보이기 위해서이기도 하다. 강의참관 시 4시간을 묶어 모두 참관하는 경우보다는 다양한 수업을 참관하기 위해 1~2시간씩 나누어 참관하는 경우가 많기 때문에 참관할 앞, 뒤 연계 수업의 교안을 작성해 보는 것도 의미가 있다.

1 초급 4시간 수업 개요

대학부설 한국어 교육기관에서는 정규과정을 하루 4시간씩 주 5일 10주를 한 학기로 하여, 1년에 4학기를 운영하는 것이 일반적이다. 하루 4시간을 하나의 통합교재로 진행하는 경우도 있고 2~4권의 영역별 교재를 함께 사용하는 경우도 있다. 하지만 영역별 교재라 하더라도 각 영역별 교재의 목차를 같이하여 같은 주제로 연계하기 때문에 영역별 교재로 나누어 수업을 진행하더라도 4시간을 유기적으로 통합하여 진행된다.

여기에서 샘플로 제시할 교안은 대상 학생은 2급 학습자이며, 교재는 〈함께 배워요 한국어 2A〉이다. 교재의 일러두기와 교재 구성표, 교재 본문의 내용을 토대로 4시간 수업을 구성하여 제시하고자 한다.[1] 1차시에 이 단원의 목표문형을 도입, 제시하고 기계적인 연습과 일부 유의미한 연습을 진행한다. 2차시에는 목표문형의 유의미한 연습이 본격적으로 이루어지고, 주요 문장을 익숙하게 하고 이후 활동에서 문장의 정확성을 높이기 위해 쓰기 수업을 진행한다. 3차시에는 이 단원의 주제와 목표문형이 포함된 읽기와 듣기 수업을 진행한다. 마지막 4차시는 활용단계로서 간단하게 구성된 과제활동을 통해 1~3차시에 학습한 내용(핵심문형, 표현, 어휘 등)을 적극 활용하여 담화 상황에 맞게 학습자가 자기 주도적으로 담화를 구성하여 이야기하게 한다. 일반적인 5단계의 수업이 1~4차시를 통해 완성되는 구성이다. 표로 정

---

1) 예비교사들이 직접 교재를 제작하기 보다는 출간된 기존 교재를 참고하여 교안을 작성하게 되는데, 이때에 본문을 참고하기 전에 우선 해당 교재의 일러두기와 교재 구성표를 꼼꼼히 살펴보아야 한다. 교재 본문의 단어나 문장 하나, 활동 하나는 집필진의 숙고로 선정되고 다듬어져 실어지기 때문에 이들의 교육적 의도를 파악하는 것이 매우 중요하다.

리하면 다음과 같다.

구분	내용
단원/주제	2과 자연과 사람
소단원/제목	01 봄이라서 날씨가 따뜻해졌어요.
핵심문형	-아지다/어지다
표현	-(으)니까 ~ -(으)세요
어휘	기후
차시별 계획	
1차시	핵심문형, 기본 연습1, 말하기 연습1, 표현, 기본 연습2
2차시	말하기 연습2, 말하기 연습3, 쓰기
3차시	읽기, 듣기
4차시	대화 연습1, 대화 연습2, 활용

2 초급 4시간 수업 교안 샘플

정규수업은 전시학습에 대한 복습이나 해당 수업을 위한 준비로 단어시험이나 숙제에 대한 피드백이 포함되는 것이 일반적이나, 여기에서는 주어진 교재의 내용으로만 구성한다. 본격적인 교안 작성은 4부 모의수업에서 다루고 여기에서는 4교시 구성을 보이는 데에 초점을 맞추어 간단히 제시한다.[2]

---

2) 예비교사의 모의수업 교안이나 신입교원의 모니터링 교안은 교사말과 모든 활동을 포함하여 상세히 작성한다.

수업 지도안

수업 일시	OOOO년 6월 21일	수업 시간	1/4차시(50분)	교사	김철수
제목	2과 01 봄이라서 날씨가 따뜻해졌어요.				
학습 내용	핵심문형, 기본 연습1, 말하기 연습1, 표현, 기본 연습2				

단계	교수-학습 활동	유의점	학습 자료	시간
도입	T: 여러분, 오늘 날씨가 어때요? 많이 추워요? Ss: 아니요. 많이 안 추워요. T: (PPT로 추운 느낌의 날씨 그림을 어제로, 따뜻한 날씨로 오늘을 보이고, 화살표를 사용하여 변화를 표시해준다.) 네, 어제는 추웠는데 오늘은 안 추워요. 따뜻해요. 날씨가 따뜻해졌어요.	단원 주제인 날씨를 사용하여 목표 문법을 도입한다.	PPT	2분
핵심문형 제시	〈의미 제시〉 72쪽. T: (8월 더운 그림, 9월 시원한 그림을 보여주며) 여러분 이 사진을 보세요. 지금 8월이에요. 날씨가 어때요? Ss: 너무 더워요. T: 네, 너무 더워요. 그럼, 9월에는 어때요? Ss: 안 더워요. 시원해요. T: 네, 9월에는 시원해요. 8월에는 더워요. 9월에는 시원해 질 거예요. - 칠판 판서 　8월: 더워요. → → → 9월: 시원해요 　날씨가 시원해질 거예요. 　학생1: 요즘 너무 더워요. 　학생2: 그래요. 9월이 되면 시원해질 거예요.	목표 문법에 해당하는 부분은 다른 색으로 강조하여 판서한다.	교재 PPT	10분

단계	교수-학습 활동	유의점	학습 자료	시간
	– 교재 72쪽의 '대화1'을 교사의 정확한 발음과 억양을 따라 말해 보도록 한다. 교사와 학생전체, 학생과 학생도 '대화1'로 말해 본다. – '대화2'도 같은 방식으로 진행한다.			

	〈형태 제시〉 72쪽
	T: ('좋다'를 판서하면서)
	  '좋다'에 '-아지다/어지다'하면 어떻게 돼요?
	Ss: 좋아지다
	T: 맞아요. 좋아지다. ('좋아지다'를 판서한다)
	  '넓다'에 '-아지다/어지다'하면 어떻게 돼요?
	Ss: 넓어지다.
	T: 네, 맞아요. 넓어지다. ('넓어지다'를 판서한다)
	  (PPT로 활용표를 보여주며)
	  모음 'ㅏ, ㅗ'는 '-아지다'예요.
	  다른 모음은 '-어지다'예요.
	– 나머지도 같은 방식으로 제시하고, PPT를 보면서 활용형을 말해보도록 한다.
		ㅂ불규칙은 이미 학습한 내용이므로, 간단히 언급한다.	교재
			PPT
				3분

연습	〈기본 연습1〉 기계적인 연습. 73쪽
	T: (보기 그림을 PPT로 보여주며)
	  왕호 씨가 건강하지 않았어요. 매일 운동했어요. 그래서 건강해졌어요. 따라하세요.
	  매일 운동해서 건강해졌어요.
	Ss: 매일 운동해서 건강해졌어요.
	T: 1번 보세요. 율리아 씨가 열심히 공부했어요. 그래서 어떻게 됐어요?
	Ss: 한국어 실력이 좋아졌어요.
	T: 네, 열심히 공부해서 한국어 실력이 좋아졌어요.
		개별 연습을 하기 전에 학생들이 ①~④의 답을 알아야 한다. 개별연습 시 답을 몰라 말하기를 못 하면 안 된다.	교재
			PPT
				8분

단계	교수-학습 활동	유의점	학습 자료	시간
	– '보기'를 먼저 같이 연습한 후 ①~④번을 짝활동으로 연습한다. 대화는 아니지만 하나씩 번갈아 이야기해 보도록 한다. 각자 연습 후 같이 확인한다.	학생들이 개별연습을 할 때에는 〈보기〉 예시문을 보고 읽지 않도록 해야 한다. 주어진 그림과 표현으로 만들어 말하도록 지도한다.		
	〈말하기 연습1〉 유의미한 연습. 74쪽 T: (PPT로 교재의 '보기' 그림을 보여주며) 　지금 4월이에요. 꽃이 피고 날씨도 따뜻해요. 　학생1이 어떻게 말해요? Ss: 날씨가 많이 따뜻해졌어요. T: 네. 따라하세요. '날씨가 많이 따뜻해졌어요.' Ss: 날씨가 많이 따뜻해졌어요. T: 학생2가 어떻게 말해요? Ss: 맞아요. 서울은 4월에 따뜻해요. T: 네. 따라하세요. '맞아요. 서울은 4월에 따뜻해요.' Ss: 맞아요. 서울은 4월에 따뜻해요. 따뜻하다, 덥다, 시원하다, 쌀쌀하다, 춥다 – '보기'를 먼저 같이 대화로 연습한 후 제시된 단어로 짝활동으로 연습한다. 각자 연습 후 같이 확인한다.	교사의 정확한 발음과 억양을 따라 읽도록 한다.	교재 PPT	12분

단계	교수-학습 활동	유의점	학습 자료	시간
〈표현〉 제시	T: (PPT로 차가 가득한 도로 그림을 보여주며) 학생1이 지금 친구 만나러 출발해요. 학생2가 말해요. '지하철을 타세요.' 왜요? Ss: 길이 막혀요. 그래서 지하철을 타야 돼요. T: 네, 그래서 이렇게 말해요. 길이 막히니까 지하철을 타세요. 따라하세요. '저 지금 출발할 거예요.' Ss: 저 지금 출발할 거예요. T: '길이 막히니까 지하철을 타세요.' Ss: 길이 막히니까 지하철을 타세요. - 교재 74쪽의 '대화'를 교사의 정확한 발음과 억양을 따라 말해 보도록 한다. 교사와 학생전체, 학생과 학생도 '대화'로 말해 본다. - '예문'도 같은 방식으로 진행한다.	'-(으)니까' 후행절에 명령형이 오는 것으로 제한하여 제시한다.	교재 PPT	8분

단계	교수-학습 활동	유의점	학습 자료	시간
연습	**〈기본 연습2〉 75쪽** T: 길이 막히다. 지하철을 타다. 　　'-(으)니까 ~ -(으)세요'로 말해 보세요. Ss: 길이 막히니까 지하철을 타세요. T: 네, 잘했어요. 그럼, 아래 표현들로 문장을 만들어 말해 보세요. 길이 막히다, 날씨가 춥다, 교실이 시끄럽다, 길이 복잡하다, 김치찌개가 맵다 따뜻한 옷을 입다, 도서관에 가다, 불고기를 먹다, 지하철을 타다, 지도를 가져가다 S1: 교실이 시끄러우니까 도서관에 가세요. S2: 김치찌개가 매우니까 불고기를 드세요. – 전체가 같이 만들어 보고 짝활동으로 번갈아 만들어 보도록 연습한다. 짝활동 후 다시 같이 확인한다.		교재 PPT	12분

수업 일시	○○○○년 6월 21일	수업 시간	2/4차시(50분)	교사	김철수
제목	2과 01 봄이라서 날씨가 따뜻해졌어요.				
학습 내용	말하기 연습2, 말하기 연습3, 쓰기				

단계	교수-학습 활동	유의점	학습 자료	시간
연습	〈말하기 연습2〉 75쪽 T: (한국 사람하고 어울려 이야기하는 그림을 PPT로 보여주며) 어떻게 하면 한국 사람하고 친해질 수 있어요? S1: 같이 밥을 먹어요. T: 네. 같이 밥을 먹으면 친해질 수 있어요. 또 어떻게 하면 될까요? S2: 자주 만나면 친해질 수 있어요. T: 자주 만나면 친해질 수 있어요. ① 한국 사람하고 친하다 ② 건강하다 ③ 한국어 실력이 좋다 T: 1번 보세요. 어떻게 하면 건강해질 수 있어요? S3: 매일 운동을 하면 건강해질 수 있어요. T: 어떻게 하면 한국어 실력이 좋아질 수 있어요? S4: 단어를 많이 외우면 한국어 실력이 좋아질 수 있어요. - '어떻게 하면 ~ 아질/어질 수 있어요?'를 사용하여 자유롭게 묻고 대답하는 연습을 한다. 짝활동 후 다시 같이 확인한다.		교재 PPT	10분

단계	교수-학습 활동	유의점	학습 자료	시간
	〈말하기 연습3〉 76쪽 – 기후 관련 어휘를 먼저 제시한다. T: (PPT로 기후 관련 어휘를 그림으로 보여주며 어휘를 제시한다) 여기 그림 보세요. 어때요? S: 눈이 와요. T: 눈이 와요. 눈이 위에서 아래로 내려요. 그래서 눈이 내려요. 이렇게도 말해요. 따라하세요. '눈이 내려요.' S: 눈이 내려요. T: 눈이 왔어요. 그런데 지금은 안 와요. 눈이 그쳤어요. 따라하세요. '눈이 그쳤어요..' S: 눈이 그쳤어요. **Tip. 기후** 눈이 내리다 ↔ 눈이 그치다 비가 내리다 ↔ 비가 그치다 해가 뜨다 ↔ 해가 지다 기온이 오르다 ↔ 기온이 떨어지다 천둥이 치다, 번개가 치다.		교재 PPT	5분
	T: (수빈 씨가 빨래하는 그림을 PPT로 보여주며) 수빈 씨가 말해요. '이따가 빨래할 거예요.' 그런데 룸메이트가 이렇게 말해요. '오늘은 빨래하지 마세요. 다음에 하세요.' 왜요? Ss: 오늘은 비가 오니까요. T: 제가 학생1할게요. 여러분이 학생2 하세요. 이따가 빨래할 거예요. Ss: 오늘은 비가 오니까 빨래하지 마세요. 다음에 하세요.			15분

단계	교수-학습 활동	유의점	학습 자료	시간
	T: 바꿔서 해 보세요. Ss: 이따가 빨래할 거예요. T: 오늘은 비가 오니까 빨래하지 마세요. 다음에 하세요. 　짝하고 연습해 보세요. – 짝활동으로 '보기'를 충분히 연습하게 한 후 ①~⑤을 같이 하나씩 해 본다. 짝활동으로 연습한 후 전체적으로 한 팀씩 해 보게 하여 서로 확인한다. ① 명동에 가다. 비가 많이 내리다/ 우산을 가져가다(O) ② 친구를 만나러 나가다. 천둥, 번개가 치다/ 밖에 나가다(X) ③, ④, ⑤	O는 '-(으)세요'를 사용하고, X는 '-지 마세요'를 사용하도록 안내한다.		
쓰기	〈쓰기1〉 77~78쪽 T: '보기' 그림을 보고 문장을 말해 보세요. Ss: 매일 운동해서 건강해졌어요. T: 네, 1번부터 6번까지 써 보세요. – 학생들에게 쓰게 한 후 잘 쓰고 있는지 살피면서 먼저 쓴 학생들부터 쓴 것을 개별 피드백해 준다. – 개별 피드백 하는 동안 학생들 중 6명을 선정하여 칠판에 나와서 쓰도록 한다. 칠판에 쓴 것을 확인하며 전체적으로 많이 틀린 것을 다시 한 번 강조한다.	시간이 남을 경우, 같이 읽어 보기나 말하기로 활용한다.	교재 PPT	10분
	〈쓰기2〉 79쪽 – 〈쓰기1〉과 같은 방식으로 진행하되 쓰는 내용이 대화 완성하기이므로 쓰기 활동 후 짝활동으로 말해보게 한다.		교재 PPT	10분

수업 일시	○○○○년 6월 21일	수업 시간	3/4차시(50분)	교사	김철수
제목	2과 01 봄이라서 날씨가 따뜻해졌어요.				
학습 내용	읽기, 듣기				

단계	교수-학습 활동	유의점	학습 자료	시간
읽기	〈읽기 전 활동〉 80쪽 T: (서울의 관광명소 몇 개의 그림을 PPT로 보여주며) 여러분은 서울에 살면서 어디에 가 봤어요? Ss: 경복궁요, 남산요, 여의도요,….. T: 남산은 언제 가면 좋을까요? S1: 봄에 가면 벚꽃을 볼 수 있어요 S2: 가을에 가면 단풍이 아름다워요. T: 남산에 가면 뭐가 좋아요? S3: 서울타워에서 서울을 다 구경할 수 있어요. S4: 야경도 멋있어요. - 처음에는 전체에게 질문을 던지고 학생들의 대답에 따라 해당 학생들에게 관련 질문을 추가로 하며 진행한다.	학생들이 골고루 참여할 수 있도록 경험이 적은 학생을 배려하여 무엇이든 말할 수 있도록 돕는다.	PPT	3분
	〈읽기 활동〉 80쪽 T: 교재 80쪽을 보세요. 이게 뭐예요? Ss: SNS로 이야기하고 있어요. T: 누구와 누구의 대화예요? Ss: 알렉스와 수빈의 대화예요. T: 네, 지금부터 대화 내용을 읽고 (1)~(3)을 해 보세요. - 각자 읽고 문제를 풀어 보도록 한다. (5분 정도) - 읽은 내용에 대해 이해했는지를 확인하는 질문을 주고받은 후, (1)~(3)의 답을 확인한다. - 학생들이 읽기 텍스트를 한 문장씩 소리 내어 읽게 한 후 교사가 정확한 발음과 억양으로 읽어 준다.	학생 스스로 읽기 텍스트 읽고 내용을 파악해 보도록 기회를 준 후, 같이 읽는다.	교재 PPT	15분

단계	교수-학습 활동	유의점	학습 자료	시간
듣기	〈듣기1〉 81쪽 - 이 단원의 핵심이 되는 대화쌍을 듣고 말해보는 연습을 통해 오늘의 주요 내용을 익힌다. T: 잘 듣고 들은 내용을 말해 보세요. (①번을 들려 준다.) Ss: 날씨가 많이 따뜻해졌어요. 맞아요. 서울은 4월에 따뜻해요. - 같은 방식으로 ②,③을 진행한다. 교사와 학생, 학생과 학생 또는 체인드릴로 대화를 되도록 많이 말해 보도록 한다.	단순한 문장의 반복연습이므로 연습형태를 다양하게 한다.	교재 듣기파일	10분
	〈듣기2〉 81쪽 T: 오늘은 날씨가 맑아요. 내일은요? Ss: 몰라요./비가 올 거예요. T: 다니엘 씨, 내일 날씨 알아요? S1: 네, 비가 올 거예요. T: 어떻게 알았어요? S1: 일기예보 들었어요. S2: 저는 휴대폰으로 날씨를 봐요. - 일기예보와 관련하여 이야기 나눈 후 듣기 시작한다. 두 번 정도 듣는다. - 각자 문제를 풀어 보도록 한다. - 들은 내용에 대해 이해했는지를 확인하는 질문을 주고받은 후, 답을 확인한다.	필요 시 한 번 더 들을 수도 있다.	교재 PPT 듣기파일	15분

수업 일시	○○○○년 6월 21일	수업 시간	4/4차시(50분)	교사	김철수
제목	2과 01 봄이라서 날씨가 따뜻해졌어요.				
학습 내용	대화 연습1, 대화 연습2, 활용				

단계	교수-학습 활동	유의점	학습 자료	시간
활용	〈대화 연습1〉 82쪽 T: (벚꽃이 핀 배경으로 두 학생이 대화하는 그림을 PPT로 보여주며) 봄 날씨가 어때요? Ss: 따뜻해요./아침에는 좀 추워요./… T: 제가 학생1 할게요. 여러분이 학생2 하세요. 오늘 날씨가 따뜻해요. Ss: 네. 봄이라서 날씨가 따뜻해졌어요. T: 아침에는 좀 추워요. Ss: 맞아요. 그래서 감기 조심해야 돼요. - 같은 방식으로 여름, 가을, 겨울에 대해서도 다양하게 이야기 나눈 후 짝활동으로 연습한다. 개별 연습 후 돌아가며 팀별로 발표하여 내용을 공유한다.	학생들이 오늘 배운 내용을 활용하여 이야기 나눌 수 있도록 돕는다.	교재 PPT	20분
	〈대화 연습2〉 82~83쪽 T: (10년 전의 서울의 모습과 지금의 모습을 PPT로 보여 주며) 왼쪽은 10년 전 서울이에요. 오른쪽은 지금이고요. 뭐가 달라졌어요? S1: 차가 많아졌어요. S2: 공기가 나빠졌어요. ① 10년 전 서울 / 지금의 서울 ② 결혼 전 / 결혼 후 ③ 봄 / 여름/ 가을 /겨울 - ①~③의 그림을 보며 달라진 것을 이야기해 보도록 한다.		교재 PPT	20분

단계	교수-학습 활동	유의점	학습 자료	시간
	〈활용〉 84쪽 T: 여러분 한국에 처음 왔을 때 어땠어요? 그때하고 지금하고 뭐가 달라졌어요? S1: 날씨가 달라졌어요. 그때는 겨울이라서 추웠어요. 지금은 날씨가 따뜻해졌어요. S2: 처음에 한국에 왔을 때 저는 아주 조용했어요. 지금은 활발해졌어요. S3: 그때는 친구가 한 명밖에 없었어요. 지금은 친구가 많아졌어요. 날씨, 친구, 성격, 생활, 집 – 교재에 제시된 소재로 학생들이 자유롭게 발화하도록 기회를 준다. 학생들이 하고 싶어 하는 말이 무엇인지 파악하여 필요 시 단어나 문법을 알려주며 말을 이어갈 수 있도록 돕는다.		교재 PPT	8분
마무리	T: 여러분이 처음 한국어를 배울 때 어땠어요? Ss: 어려웠어요. 힘들었어요. T: 지금은 어때요? Ss: 좀 쉬워졌어요. Ss: 재미있어졌어요. T: 앞으로 더 재미있어질 거예요.	오늘 배운 문법을 포함해서 대답 할 기회를 준다		2분

9강

이론 수업 ③: 강의참관 후 토론

학습 목표

- 작성한 참관일지를 토대로 이상적인 수업방법에 대해 토론할 수 있다.
- 모의수업 시 반영할 사안을 점검해 볼 수 있다.

1 강의참관 일지

　참관생들이 강의참관 시 자신이 사전에 작성한 참관교안에 메모한 내용을 정리하여 강의참관 일지를 작성하게 되는데 이때에 참관 장소, 참관 일자, 참관 내용, 강의 교수(교사)명을 빠짐없이 기록하여야 한다. 다음은 학생이 작성하여 제출한 참관일지 샘플이다.

강의참관 일지

학기	○○○○년 2학기	학번	○○○○○○○
과목명	외국어로서의 한국어교육 실습	이름	최지원
참관일	○○○○년 10월 26일 (월요일)	현장실습지도자 확인	○○○ (서명/인)

참관일	참관 시간	참관 급수	강의 교수	참관 장소
	13:10~15:00	1급	○○○	혜화관 G124

참관 내용
※ 참관 일정에 따른 시간 순으로, 주요 활동 내용을 기술 ※ 학습 목표, 주요 내용, 강의자의 수업 자료 및 진행 방법 등을 수업 절차에 따라 자세히 기록 1. 수업 개요 　총 2시간, 중국인 4명과 베트남인 9명 총 13명의 학생이 출석하여 한국인 한국어 교사 1명이 1급 중반 한국어 학습자들의 수업 현장에서 실시되었다. 2. 주요 내용 　① '보다 (더)'를 이해하고 말할 수 있다. 　② '별로'를 이해하고 말할 수 있다. 　③ '날씨' 표현을 이해하고 말할 수 있다. 3. 수업 자료 　① 진도에 따른 교재 내용을 바탕으로 한 PPT 　② 그림카드 　③ 판서 　④ 교재

4. 진행 방법

① '보다 (더)'

참관 내용	

■ 복습 (13:10 ~ 13:20)
- 지난 수업에 배운 내용을 바탕으로 10분 동안 듣기와 쓰기 시험 진행

■ 도입-제시 (13:22 ~ 13:30)
- [ppt] 그림
- 다함께 단원명 읽고 시작하기
- ppt 그림 자료를 통해 '수박 vs 사과'와 같이 크기 비교 등의 표현을 통해 핵심 문형 인지 시작
- 교사/학생 말
  수박이 커요, 사과가 커요? / 수박이 커요.
  그런데 옆에 사과도 있어요. 수박하고 사과 다 말하고 싶어요. 수박이 사과보다 커요.
- [판서] 수박이 사과보다 커요. 사과가 수박보다 작아요.
- 〉, 〈 등의 부호를 이용하여 쉬운 이해를 도움.
- '더'의 위치에 대해서도 이어서 설명
- 교사 말
  '더' 없어요, 괜찮아요. 있어요, 괜찮아요.
  근데 어디에 있어요? '보다' 뒤에 있어요? 안 돼요. '커요' 앞에 있어요.
  '적어요' 앞에 '더' 있어요. '보다' 뒤에 있어요, 아니에요.
  알아요? 괜찮아요?
- [판서] 축구**보다** 야구를 **더** 좋아해요.

■ 연습 (13:30 ~ 13:50)
- 연습 01: 교재의 대화문 예문 다 같이 읽기
- [판서] 예문에 제시되는 대비되는 단어들
        높다-낮다, 크다-작다 등
- 연습 02: 2-3인씩 짝지어 대화문 말하기 연습
- 교사는 그룹별로 돌아다니면서 학생들의 이해 정도에 따라 개인지도
- 연습 03: 교사가 학생들을 지목하여 함께 02번의 대화문 말하기

참관 내용	<div>② '별로'</div><div></div><div>■ 도입–제시 (13:50 ~ 14:00)</div><div>– [ppt] 그림, 텍스트, [판서]</div><div>– '아주 커요 >>> 별로 안 커요. > 안 커요.'와 같은 방식으로 '별로'라는 단어가 '안 커요'에 가깝지만, '안 커요'보다는 클 때 쓰는 말이라는 것을 가르침.</div><div>– 교사 말 　'별로'는 '안 커요' 옆에 있어요. '안 커요'보다 조금 커요. 　'별로' 뒤에 '안, 못, 없어요' 같이 이야기해요.</div><div></div><div>■ 연습–활동 (14:10 ~ 14:20)</div><div>– 연습 01: 대화문 예문 다 같이 읽기</div><div>– 연습 02: 2–3인씩 짝지어 대화문 말하기 연습</div><div>– 교사는 그룹별로 돌아다니면서 학생들의 이해 정도에 따라 개인지도</div><div>– 연습 03: 교사가 학생들을 지목하여 함께 02번의 대화문 말하기</div><div>– 교사가 학생의 모국과 관련된 특성과 연관 지어 맞춰 질문하거나 대답하는 등으로 간략한 활동까지 이어감.</div><div></div><div>③ '날씨' 표현</div><div></div><div>■ 도입–제시 (14:20 ~ 14:30)</div><div>– [ppt] 그림</div><div>– 교사가 단어를 먼저 읽고, 학생이 따라 읽기</div><div>– 날씨와 관련된 학습 표현을 전부 '–아요/어요'형으로 판서</div><div>– 그림만 보며 학습한 날씨 표현을 인지</div><div></div><div>■ 연습 01 (14:30 ~ 14:40)</div><div>– [ppt] 그림, 텍스트</div><div>– 연습 01: 두 사람이 서로 다른 지역에서 날씨를 물어보는 상황의 예문을 교사와 학생이 함께 읽기</div><div>– 연습 02: 교사가 나눠주는 그림 자료를 바탕으로, 2–3인씩 대화 연습하기</div><div>– 교사는 그룹별로 돌아다니면서 학생들의 이해 정도에 따라 개인지도</div><div>– 틈틈이 배운 문형인 '–고'를 이용하여 교사가 복습 응용</div><div>– 연습 03: 교사가 학생들을 지목하여 함께 02번의 대화문 말하기</div><div>– 교사가 학생의 모국과 관련된 특성과 연관 지어 맞춰 질문하거나 대답하는 등으로 간략한 활동까지 이어감.</div>

참관 내용	■ 연습 02 (14:40 ~ 14:41)
	– [ppt] 그림, 텍스트
	– 핵심 문형 '–보다 (더)'의 질문을 변형한 대화문인 '누가 머리가 더 짧아요?'를 활용하여 대답시에 '머리가'를 중복되게 대답하지 않아도 된다는 것을 설명
	– 교사/학생 말
	  앞에 (질문한) 학생이 '누가 머리가' 질문 했어요. 뒤에 (대답한) 학생 '머리가' 없어도 괜찮아요.
	– 예문에 제시되는 어휘들 다 같이 한 번씩 읽으며 확인
	
	■ 연습 03–복습 (14:41 ~ 15:00)
	– [ppt] 그림, 텍스트
	– 연습 01: 교사가 나눠주는 그림자료를 바탕으로, 2–3인씩 대화 연습하기
	– 교사는 그룹별로 돌아다니면서 학생들의 이해 정도에 따라 개인지도
	– 연습 02: 교사가 학생들을 지목하여 함께 01번의 대화문 말하기
	– 학생들의 대답 속도가 느린 경우 자연스러운 보통 속도고 말할 수 있도록 교정
	– 예문에 활용되는 날씨와 관련된 단어는 한 번 더 판서와 반복 말하기를 통해 복습
	
	5. 기타
	– 예문에 한국과 관련된 단어가 나왔을 경우, 간단히 설명해 주기
	  예: 한라산, 남산, 제주도 등
	– 학생들이 수업시간에 베트남어 등 모어로 이야기할 때, '한국어로 말하세요' 라며 모어를 자제하도록 함.
	– 2–3인씩 그룹 말하기 연습을 할 때에, 자리 배치에 따라 어떤 학생들은 함께 연습하기가 불편한 경우가 있었음.

참관 소감	- 작성자가 기존에 작성했던 교안은 학생들의 특성 또는 관심사 (연예인, 드라마 등)에 맞춰 좀 더 친근한 분위기에서 이루어지는 도입과 제시 등을 작성한 반면, 본 수업에서는 교재의 예시에 더욱 충실한 도입과 제시로 수업이 이루어졌음. 또한, 핵심문형 '별로'에 대한 개념을 본 수업에서는 '안'과 같은 부정적인 쪽에 좀 더 가까운 표현이라는 것을 여러 예시나 판서로 구체적으로 설명한 것을 알 수 있듯이, 작성자의 교안의 제시가 좀 더 구체적인 설명과 함께 구성되어야 한다고 생각함. - 학생들의 분위기가 너무 자유로울 경우, 모어가 난무할 수 있다. 학생들이 모어를 사용하지 않고 한국어로만 듣고 읽고 말하고 쓰는 데에 익숙해지게끔 교사가 지속적으로 관리해야 하는 부분이 있음. - 한국어 능력이 상대적으로 좋은 학생들은 제시된 그림만 보고도 교사가 말하기 전에 먼저 대답하기도 함. 그럴 때에 그런 학생들에게 눈짓이나 호응의 반응을 교사가 보여줘야 그 학생의 학습 의욕을 꾸준히 올리면서 전체적으로 호의적인 면학분위기를 만들 수 있지 않나 생각하게 됨. - 2-3인씩 그룹 말하기 연습을 할 때에, 자리 배치에 따라 어떤 학생들은 함께 연습하기가 불편한 경우가 있었음. 학생들이 연습하기 불편해서 가까운 사람과 연습하고 싶어도 한국어로 말하지 못해 어쩔 수 없이 불편함을 감수하고 연습하는 모습을 발견함. 그룹 말하기 연습을 할 때에는 학생들의 자리 배치도 잘 고려해야 함을 알 수 있었음.

2 토론 및 질의응답

학생들이 제출한 강의일지를 토대로 토론 수업을 진행한다. 토론을 위해 참관생들은 자신의 강의참관 일지를 준비하고 담당교수는 제출한 참관일지를 사전 검토하여 피드백 할 내용을 정리해 두어야 한다.

다음은 다른 교사의 강의를 참관하는 데 필요한 점검표로 Brown(2007:572~574)에서 제시한 것인데 강의참관 토론 시 참고할 수 있다.

Ⅰ. 준비	1. 교사는 수업 시 잘 준비되었고, 잘 정돈되었다.
	2. 수업 전에 수업 자료를 복습했고, 다음 자료를 앞서 살펴보았다.
	3. 준비한 종합목표/목표가 뚜렷했다.
Ⅱ. 수업	4. 수업 자료를 학생들이 이해할 수 있도록 설명하였다.
	5. 수업은 원만했고, 차례대로 진행되었으며, 논리적이었다.
	6. 수업은 적당한 속도로 진행되었다.
	7. 교사의 지시는 분명하고 간결했으며, 학생들은 지시를 따를 수 있었다.
	8. 자료는 학생들의 이해 수준에 맞도록 설명되었다.
	9. 적당한 수업 시간 동안 학생들이 언어를 사용하였다.
	10. 교사는 질문에 대해 세심하고 만족스러운 답을 했다.
	11. 방법은 학생들의 나이와 능력에 맞춰 적당했다.
	12. 교사는 학생들이 이해하는 데 있어 어려움을 겪는 순간을 알았다.
	13. 교사는 가르치고 있는 주제에 대해 관심과 열정을 보였다.
Ⅲ. 실행/교수법	14. 수업 중 활동은 다양했으며, 균형이 잡혀 있었다.
	15. 교사는 예상 밖의 상황에 잘 적응할 수 있었다.
	16. 수업 자료는 강화되었다.
	17. 교사는 교실 주위를 다니며 학생들과 시선을 마주쳤다.
	18. 교사는 학생들의 이름을 외우고 있었다.
	19. 교사는 학생들을 긍정적으로 강화하였다.
	20. 교사는 학생들의 반응을 효과적으로 유도하였다.(학생들을 지명하는 순서 등)
	21. 예와 실례를 효과적으로 사용하였다.
	22. 교수 보조 기구나 수업 자료를 효과적으로 활용하였다.
	23. 반복 훈련을 효과적으로 시켰다.
	24. 학생들의 인위적인 연습 상황에서 벗어나 자신의 문화와 개인적 경험이라는 실제적인 상황에 적용하도록 구조를 짰다.
	25. 실수를 수용하였다.
	26. 실수를 적절하게 고쳐주었다.
Ⅳ. 개인적인 특징	27. 인내심을 가지고 대답을 유도하였다.
	28. 목소리가 명료하여 전달력이 높았다.
	29. 교사로서의 용모가 단정하였다.
	30. 진취적이고 기략이 풍부하며, 창조적이다.
	31. 발음, 억양, 유창함 및 적절하고 기준에 맞는 언어를 사용하였다.

V. 교사/ 학생 간 상호작용	32. 교사는 학생들이 수업에 충분히 참여하도록 격려하고 확신을 주었다. 33. 수업 분위기는 자유롭게 질문하고, 반대 의견을 피력하고, 자신의 생각을 표현할 수 있는 분위기였다. 34. 교사는 수업을 제어하고 이끌 수 있었다. 35. 학생들은 주의를 집중하고 참여하였다. 36. 학생들은 강도가 높은 지적 활동을 하면서도 편안하게 느끼고 긴장을 풀었다. 37. 교사는 학생들을 공평하고, 편견이 없으며, 존중하는 태도로 대했다. 38. 교사는 학생들이 최선을 다하도록 격려하였다. 39. 교사는 긴장을 풀고, 목소리와 태도는 차분했다. 40. 교사는 학생의 개별적인 그리고 집단적인 욕구를 인식하고 있었다. 41. 교사는 긍정적으로 본제를 벗어나는 방식을 사용했으며, 남용하지 않았다.

토론 수업은 참관한 수업별로 간단히 관찰한 내용을 보고하는 것부터 시작한다. 참관교안을 쓰면서 자신이 계획했던 수업과 실제 수업은 어떻게 달랐으며, 수업 내용 중 왜 그렇게 진행하는지에 대한 질문이 있는 경우 함께 나눌 수 있다. 이런 토론은 동일한 수업을 참관한 참관생들끼리 조별토론을 진행한 후 발표하는 방식으로 진행하는 것이 좋다. 이때에 참관생들이 양식 4 와 같은 연습지에 자신의 의견을 정리해 보는 것이 도움이 된다.

양식 4 강의참관 후 토론 과제

토론 과제

참관 일시	참관 장소	참관 급	수업 내용
○○○○년 4월 19일 (금) 09:00~09:50	혜화관 G512	1급	

작성 교안과 실제 수업의 차이점	(예: 교사말, 예문, 시간, 상호작용, 학생 수준, 오류 수정 등)

모의 수업시 반영할 사항 정리	
도입	
제시	

연습	
활용	
마무리	
기타 주의사항	

3 토론 및 질의응답

　조별토론과 전체토론을 마친 후 조별로 간단히 해당 수업에 대한 교안을 함께 작성해 보는 것이 좋다. 참관하기 전 교안을 작성하고, 해당 수업을 참관하고, 그 수업에 대해 토론과 질의응답을 한 바로 그 수업을 공동작업으로 교안을 작성해 봄으로써 앞으로 진행할 모의수업에 대해 자신감과 기대감을 갖게 할 수 있기 때문이다.

4부
모의수업

10강

모의수업 ①

학습 목표

- 모의수업의 의미와 운영 방식을 이해한다.
- 모의수업 진행에 필요한 절차를 익힌다.
- 모의수업 준비를 위한 목표 문형 분석, 교재 분석, 자료 수집을 진행한다.

1 모의수업 개요

모의수업은 말 그대로 모의로 하는 수업이다. 실제 수업과 같은 상황을 마련하여 실제 수업처럼 수업을 진행해 보는 것을 말한다. 한국어교육에서의 모의수업은 한국어교육과정의 마지막 단계에서 진행되는 것이 일반적인데 이것은 모의수업이 그동안 학습한 한국어학과 한국어교수법을 비롯한 한국어교육 관련 지식을 총망라하여 이루어지기 때문이다. 이론으로 학습한 내용을 실제로 실현하기 위해서는 지식으로 알고 있는 것을 어떻게 수업으로 구현할 수 있는지를 연습하는 과정이 필요하고 이것이 바로 모의수업이다.

2 모의수업 운영 방식

국립국어원(2017:16~19)의 한국어교육 실습 교과목 운영지침에서 제시한 모의수업 운영 지침은 다음과 같다.

〈학위과정_학부·대학원의 경우〉
- 모의수업은 담당교수의 지도하에 오프라인으로 실시함을 원칙으로 하며, 반드시 담당교수의 지도와 평가가 있어야 한다. 또한 동료 수강생의 모의수업도 볼 수 있는 기회를 제공해야 한다.
  사이버대학(원)에서는 각 지역별로 학생들을 모아 별도로 모의수업을 진행할 수 있다.
- 단, 학위과정(사이버 대학(원))에서는 국외 거주 온라인 수강생에 한해 담당교수가 현장에 부재할 경우 (가), (나) 중에서 대체하여 운영할 수 있다.
  (가) 담당교수와 실시간 화상 온라인으로 모의수업을 진행한다.
  (나) 외국인 한국어 학습자를 대상으로 모의수업을 진행하고 모의수업 현장을 촬영하여 담당교수에게 제출한다. 이때 영상 화면에는 교사의 교수활동과 학습자의 학습 활동이 모두 포함되어 있어야 한다.

〈학위과정_학점은행제의 경우〉
- 모의수업은 담당교수의 지도하에 오프라인으로 실시함을 원칙으로 하며, 반드시 담당교수의 지도와 평가가 있어야 한다. 또한 동료 수강생의 모의수업도 볼 수 있는 기회를 제공해야 한다.
  학점은행제에서는 각 지역별로 학생들을 모아 별도로 모의수업을 진행할 수 있다.
- 단, 학위과정(학점은행제)에서는 국외 거주 온라인 수강생에 한해 담당교수가 현장에 부재할 경우 (가), (나) 중에서 대체하여 운영할 수 있다.
  (가) 담당교수와 실시간 화상 온라인으로 모의수업을 진행한다.
  (나) 외국인 한국어 학습자를 대상으로 모의수업을 진행하고 모의수업 현장을 촬영하여 담당교수에게 제출한다. 이때 영상 화면에는 교사의 교수활동과 학습자의 학습 활동이 모두 포함되어 있어야 한다.

〈비학위과정〉
- 모의수업은 담당교수의 지도하에 오프라인으로 실시함을 원칙으로 하며, 반드시 담당교수의 지도와 평가가 있어야 한다. 또한 동료 수강생의 모의수업도 볼 수 있는 기회를 제공해야 한다.
- 단, 국외 거주 온라인 수강생에 한해 담당교수가 현장에 부재할 경우 (가), (나) 중에서 대체하여 운영할 수 있다.
  (가) 담당교수와 실시간 화상 온라인으로 모의수업을 진행한다.
  (나) 외국인 한국어 학습자를 대상으로 모의수업을 진행하고 모의수업 현장을 촬영하여 담당교수에서 제출한다. 이때 영상 화면에는 교사의 교수활동과 학습자의 학습 활동이 모두 포함되어 있어야 한다.

위의 운영지침의 핵심 내용은 '담당교수의 지도하에 오프라인으로 실시함을 원칙으로 하며, 반드시 담당교수의 지도와 평가가 있어야 한다. 또한 동료 수강생의 모의수업도 볼 수 있는 기회를 제공해야 한다.'이다. 예외적인 경우라 할지라도 담당교수가 수업 진행 현장을 그대로 파악할 수 있도록 해야 한다는 것이다. 이것은 모의수업이 한번 해 보는 수업이 아니라 전문가의 지도하에 진행되고 전문가의 지도와 평가, 즉, 피드백이 반드시 있어야 한다는 것이다. 또한 동료 수강생이 모의수업을 참관하고 피드백을 공유함으로써 교육효과를 높일 수 있음을 의미한다.

3 모의수업 진행

모의수업은 실제 수업처럼 모의수업을 수행함으로써 실제 수업을 사전에 연습해 본다는 점에서 의미가 있다. 또한 모의수업을 수행하는 것뿐만 아니라 모의수업을 준비하고 모의수업을 평가하여 절절한 피드백을 주는 것이 매우 중요하다. 예비 한국어교원이 어떻게 수업을 준비하여야 하는지를 익힐 수 있고 부족한 점을 수정하고 보완할 수 있는 기회이기 때문이다. 모의수업의 진행은 모의수업 준비, 모의수업 수행, 평가 및 피드백 등 주요 3단계로 구분할 수 있다.

(1) 모의수업 준비

모의수업 준비는 전반적인 한국어학과 한국어교수법의 지식을 토대로 교안 작성 방법을 익히는 것으로부터 시작된다. 예비 한국어교원은 수업시간을 해당 수업의 학습목표에 맞게 단계별로 어떻게 구성해야 하는지를 파악해야하기 때문이다. 앞 장에서 교안작성을 위한 단계별 설명이 이루어졌으므로 이 장에서는 생략한다.

실제 한국어수업이 다양하게 이루어지는 것처럼 모의수업 또한 어떤 수업을 모의수업으로 진행하느냐에 따라 다양하게 실현될 수 있다. 즉, 문법, 말하기, 듣기, 읽기, 쓰기, 어휘, 발음, 문화, 프로젝트 수업 등 학습목표를 무엇으로 하느냐에 따라 다양한 모의수업이 가능하다. 한국어 교육실습 교과목 수업에서는 문법을 토대로 한 말하기 수업으로 모의수업을 진행하는 경우가 많다. 이것은 문법을 일반적인 수업의 단계에 맞게 도입, 제시, 연습, 활용, 마무리 하는 방법을 익힌 교사는 다른 영역으로 특화된 수업을 준비하는 것이 상대적으로 수월하기 때문으로 볼 수 있다. 따라서 대부분의 한국어교육기관의 신입교원 채용시험에서는 주어진 문법으로 교안을 작성하여 제출하고 그 교안대로 시범강의를 하는 것으로 평가하며, 한국어교원능력검정시험에서도 주어진 문법과 주제로 교안을 작성하는 것을 평가하고 있다.

학위과정으로 실습 교과목을 운영할 경우, 교안 작성 방법을 익힌 후 조별 활동을 통해 통합교재의 4교시 교안을 공동작업을 통해 작성해 보고, 어휘, 발음, 문화, 프로젝트 수업 등을 위한 교안도 공동작업을 통해 작성해 보는 것이 좋다. 4교시 정도의 연속 교안을 작성해 봄으로써 1,2,3,4차시 수업의 연계를 파악할 수 있으며 영역별 교안을 작성해 봄으로써 해당 영역 수업의 특징과 주의사항을 파악할 수 있게 된다.

어느 정도 교안 작성에 대한 개념과 작성 방법을 파악한 후, 개별적으로 자신의 모의수업을 준비하는 과정을 시작할 수 있다. 처음부터 개인적으로 모의수업을 준비하게 할 경우, 예비 한국어교원의 강의 경험 부족으로 인해 교안 작성에 어려움을 겪게 되고 잘못된 방향으로 진행된 것을 다시 바로잡는 것이 어렵기 때문이다. 따라서 동료 간 의견 교환 및 담당교수의 지도를 받으며 단계적으로 준비하는 것이 바람직하다.

① 모의수업 내용 선정 및 교안 작성 준비

모의수업 내용을 선정할 때에는 목표 문형과 학습 목표를 정하여 학습자 변인과 수업 상황을 고려하여 교안 작성 준비를 해야 한다. 목표 문형은 중·고급보다는 초급에서 선택하는 것이 좋다. 직접교수법으로 한국어를 교수할 경우, 중·고급 학습자들은 한국어로 일상적인 의사소통이 가능한 수준이므로 문법과 어휘, 수업 활동을 설명할 때 교사말에 있어서 큰 어려움이 없는 경우가 대부분이다. 하지만 초급의 경우에는 해당 목표 문형이 제시되는 학습자의 한국어 수준을 고려하여 교사말을 선별하여 사용해야 하기 때문에 예비교사에게 쉽지 않은 일이다. 따라서 모의수업을 통해 학습자 수준에 맞는 교사말 사용 연습이 충분히 이루어지도록 해야 하기 때문에 1급 중반부터 2급 후반 정도에 해당하는 목표 문형을 선택하는 것이 좋다.

경험 많은 교사는 어떤 문법이 어느 정도의 난이도가 있고 학습자 수준으로 몇 급에 해당하는지를 쉽게 인지할 수 있으나 예비교사는 이것 또한 어려운 문제이다. 모의수업을 위한 목표 문형을 선택할 때 기존 대학 부설 한국어교육기관에서 출간한 통합교재를 참고하거나 국제 통용 한국어 교육과정 보고서 등에서 제시한 문법 목록을 참고할 수 있다.

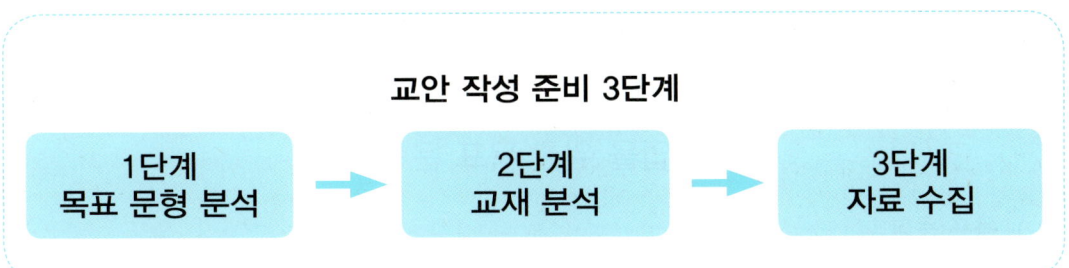

　목표 문형을 선택한 후 다음의 세 단계 과정이 필요하다. 첫째, 목표 문형 분석이 필요하다. 문법에 대해 아는 것과 그것을 가르치는 것에는 차이가 있다. 교안을 작성하기 전에 해당 목표 문형의 의미, 용례, 제약 조건 등을 다시 한 번 확인하고 정리해야 한다. 이때에는 사전이나 문법서를 참고할 수 있다. 둘째, 교재 분석이 필요하다. 선택한 목표 문형이 일반적으로 어떻게 제시, 연습, 활용 되는지를 살펴보는 것인데, 기존에 출간된 교재를 분석해 보는 것이 좋다. 선배 연구자들이 여러 번의 시행착오를 거쳐 선택한 내용을 찾아보고 활용하는 것이다. 양식 1 과 같이 정리해 두면 교안을 작성할 때 참고하기에 좋다. 셋째, 자료 수집이다. 교재 분석을 통해 자신이 수업할 내용을 정리하면서 사용할 자료를 모으는 과정이다. 간단한 단어나 문장은 물론, 소재, 사진, 동영상 등 실제적인 자료를 가능한 많이 다양하게 준비한 후 교안 작성 시 취사선택을 하는 것이 바람직하다.

양식 1 모의수업을 위한 목표 문형 분석

모의수업을 위한 목표 문형 분석

1. 목표 문형:

2. 의미와 용례:

3. 제약 조건:

목표 문법 분석을 위해 **양식 1**과 같은 형식을 사용할 수 있는데, 목표 문형을 '-(으)려면'으로 선택한 경우 아래와 같이 조사하여 분석할 수 있다. 우선 기본의미, 용례 등을 확인해야 하는데, 〈표준국어대사전〉이나 〈고려대한국어대사전〉과 같은 사전은 물론 한국어교육용으로 출간된 문법서도 반드시 확인하여야 한다. 한국어교육용으로 출간된 문법서에는 해당 문법이 외국인 학습자에게 제시하는 한국어 수준을 고려하여 수업에서 제시할 때 유용한 예문이나 제약 조건에 대한 설명이 포함된 경우가 많아 예비교사에게 도움이 되기 때문이다. 아래의 표에서도 알 수 있듯이 예문이 더 다양하며 '-(으)려면'이 제시되는 초급 수준의 예문은 물론 대화도 함께 제시되어 있다. 제약조건은 실제 수업에서는 문법적으로 접근하여 설명하기보다는 예문을 통해 제시하는 경우가 일반적이기 때문에 해당 문법이 제시되는 학습자수준을 고려하여 제약조건이 드러나는 적절한 예문을 찾는 방식으로 준비해야 한다. 즉, 교사가 제약조건을 정확히 인지하고 적절한 예문을 선정하여 제시하는 것이 중요하다. 예비교사가 저지르기 쉬운 실수 중의 하나는 자신이 알고 있는 문법적인 지식을 가감 없이 그대로 설명하려 들어 학습자에게 혼란을 주고 결과적으로 이해하지 못하거나 이해는 했으나 사용하지 못하게 만드는 것이다. 또한 목표 문형 분석에서 가장 중요한 것 중 하나는 이미 학습자가 알고 이는 유사문법 또는 관련 문법과의 차이를 이해할 수 있도록 제시하는 것이다. 예를 들어, '-(으)려면'을 목표 문형으로 제시하는 경우, 이미 학습한 '-(으)면'과 어떻게 의미가 다른지에 대해 수업 전에 준비해 두는 것이 좋다. '-(으)려면'의 도입이나 제시 단계에서 두 문법을 비교하여 설명할 필요

는 없겠지만 질문이 있을 경우에는 간단히 짚어주는 것이 좋다.

모의수업을 위한 목표 문형 분석

1. 목표 문형: -(으)려면

2. 의미와 용례: 의도와 그에 따르는 조건을 나타낼 때 쓰임.

〈표준국어대사전〉[1]
① '어떤 의사를 실현하려고 한다면'의 뜻을 나타내는 연결 어미
  (예) 전쟁을 막으려면 서둘러야 한다.
② '어떤 가상의 일이 사실로 실현되기 위해서는'의 뜻을 나타내는 연결 어미
  (예) 일을 맡으려면 그 일을 할 능력을 갖추어야 한다.
③ '미래의 어떤 일이 실현되기 시작하였거나 실현될 것이 확실하다면'의 뜻을 나타내는 연결 어미. 뒤에는 그 실현의 방식을 규정하는 말이 온다.
  (예) 날씨가 맑으려면 구름 한 점 없이 맑았으면 좋겠다.

〈고려대한국어대사전〉[2]
① 장차 어떤 일이 이루어지기 위한 조건의 뜻을 나타내는 말
  (예) 비닐이 땅속에서 썩으려면 30년 이상이 걸린다고 한다.
② '어떤 일이 실현되기 시작하였거나 실현될 것이 확실하다면'의 뜻을 나타내는 말. 뒤 절에는 그 일이 실현되는 방식에 대한 내용이 온다.
  (예) 날씨가 맑으려면 종일 맑았으면 좋겠다.

〈외국어로서의 한국어 문법 사전〉[3]
선행절의 동작을 할 의도가 있으면 후행 절의 동작이 조건임을 나타낸다.
  (예) – 김 교수님을 만나려면 연구실로 가 보세요.
    – 비행기 표를 예약하려면 어떻게 해야 합니까?
    – 배운 것을 안 잊어버리려면 자 연습해야 돼요.
    – 신문을 읽으려면 한자를 좀 읽을 줄 알아야 해요.
    – 제시간에 도착하려면 지금 서둘러서 떠나야 합니다.

〈한국어교육 문법〉[4]
① 어떤 의도나 의향이 있는 경우를 가정할 때 쓴다.
  (예) – 명동에 가려면 다음 역에서 4호선으로 갈아타세요.
    – 마트까지 들렀다 오려면 서둘러야 해.
    – 장학금을 받으려면 누구보다 열심히 공부해야 한다.
    – 오늘 중으로 끝내려면 점심 먹을 시간도 없다.
    – 가: 부산 가는 버스표를 사려면 어디로 가야 해요?
      나: 쭉 가시면 오른쪽에 매표소가 있습니다.

② 장차 일어날 일을 가정하면서 그 일이 일어나기 위해 필요한 조건이나 상황을 뒤에 제시할 때 쓴다.
(예) – 밥이 다 되려면 조금 더 있어야 해.
– 아빠가 퇴근하고 오시려면 8시가 넘어야 해.
– 이번 일이 다 끝나려면 한 달은 더 걸리겠다.
– 가: 3월인데도 날씨가 너무 추워요.
   나: 따뜻해지려면 3월 중순은 지나야 돼요.

3. 제약 조건
– 동사와 결합함.
– 선행절의 주어와 후행절의 주어가 같아야 하며 후행절의 주어는 보통 생략함.

4. 기타
– '(으)려면'과 '–(으)면'의 비교[5]

–(으)려면	–(으)면
• 의도를 나타내는 어미로 후행절에 의도를 실현하기 위한 행위나 조건을 기술하는 것이 일반적이다. 따라서 후행절에는 청유나 명령, 당위를 나타내는 표현이 자주 사용된다. (예) 4호선을 타려면 사당역에서 갈아타세요. 한국어를 잘하려면 열심히 공부해야 돼요.	• 조건을 나타내는 엄로 후행절에 조건 충족의 결과를 기술하는 것이 일반적이다.

---

1) 국립국어원, 표준국어대사전 https://stdict.korean.go.kr/search/searchView.do?word_no=468515&searchKeywordTo=3 (검색일: 2022년 8월 2일).

2) 고려대학교 민족문화연구원, 고려대한국어대사전 https://dic.daum.net/word/view.do?wordid=kkw000200976&q=%EC%9C%BC%EB%A0%A4%EB%A9%B4&suptype=KOREA_KK (검색일: 2022년 8월 2일).

3) 백봉자(2007: 272), 외국어로서의 한국어문법사전, 도서출판 하우.

4) 강현화 외(2016), 한국어교육 문법(자료편), 한글파크.

5) 서울대학교 언어교육원(2013: 249), 서울대 한국어 2A, ㈜투판즈.

| 양식 2 | **모의수업을 위한 교재 분석** |

모의수업을 위한 교재 분석

1. 목표 문형: –(으)ㄴ 다음에

2. 참고한 교재

교재명	저자(대학/기관명)	출판년도	제시 단원(총 단원 수)
(예) 함께 배워요 한국어 4B	동국대학교 국제어학원	2018	5과 02 (총 16과)
① 함께 배워요 한국어 2A	동국대학교 국제어학원		
②			
③			

3. 교수학습 방법 및 주요 예문(대화문)

  (1) 도입 및 제시
     ①
     ②
     ③

  (2) 연습 및 활동
     ①
     ②
     ③

  (3) 기타
     ①
     ②
     ③

목표 문형 분석이 끝났으면 다음 단계는 교재 분석이다. 양식 2 와 같은 형식을 사용할 수 있는데, '–(으)려면'으로 교재 분석을 예로 제시하면 다음과 같다.

모의수업을 위한 교재 분석

1. 목표 문형: -(으)려면

2. 참고한 교재

교재명	저자(대학/기관명)	출판년도	제시 단원(총 단원 수)
(예) 함께 배워요 한국어 4B	동국대학교 국제어학원	2018	5과 02 (총 16과)
① 서울대 한국어 2A	서울대학교 언어교육원	2015	7과 (총 15과)
② 이화 한국어 2-1	이화여자대학교 언어교육원	2010	6과 (총 16과)
③ 함께 배워요 한국어 2A	동국대학교 국제어학원	2015	1과 03 (총 8과)

3. 교수학습 방법 및 주요 예문(대화문)

(1) 도입 및 제시
  ① - 가: 한옥마을에 가려면 몇 번 출구로 나가야 돼요?
       나: 4번 출구로 나가시면 됩니다.
     - 김 선생님을 만나려면 사무실로 가 보세요.
     - 한국 신문을 읽으려면 단어를 많이 알아야 해요.
     - 감기에 걸리지 않으려면 손을 자주 씻으세요.
  ② - 가: 배가 아파서 왔어요. 바로 진료받을 수 있어요?
       나: 지금 진료를 받으시려면 30분 기다리셔야 합니다.
  ③ - 동국대학교에 가려면 지하철 3호선으로 갈아타세요.
     - 도서관을 이용하려면 학생증이 필요해요
     - 가: 서울에서 옷을 싸게 사려면 어디에 가야 해요?
       나: 동대문에 가세요.

(2) 연습 및 활동
  ① - 가: 한국 전통 기념품을 사고 싶은데 어디에 가야 돼요?
       나: 한국 전통 기념품을 사려면 인사동에 가 보세요.
     - 저는 미술관에 다녀왔어요. 미술관은 언어교육원에서 5분쯤 내려가면 왼쪽에 있습니다. 미술관은...
  ② - 가: 어떻게 하면 살을 뺄 수 있어요?
       나: 살을 빼려면 꾸준히 운동하고 음식 양을 줄이세요.
     - 가: 가구를 싸게 사려면 어떻게 해야 돼요?
       나: 생활 정보지를 찾아보세요.

> ③ － 가: 한국어를 잘하려면 어떻게 해야 돼요?
>   나: 한국어로 많이 말해야 돼요.
>   － 가: 자판기에서 음료를 사려면 어떻게 해야 돼요?
>   나: 돈을 넣은 다음에 음료 버튼을 누르세요.
>
> (3) 기타
>   ① － 택시타서 행선지 알려주기(듣고 말하기)
>   － 집들이 하는 친구가 자기 집에 오는 길 알려주는 이메일(읽고 쓰기)
>   － 학교에 있는 장소에 가서 알아 본 후 소개하기(과제 활동)
>   ② － 전화로 진료 예약하기(듣기), 병원에서 증상 말하기(과제 활동)
>   ③ － 한국어를 잘하려면 숙제를 꼭 하세요. (쓰기)
>   － 자기소개 글(읽기)
>   － 장래희망에 대해 말하기(과제 활동)

목표 문형이 제시된 교재를 분석한 것을 참고하여 자신의 모의수업 교안을 작성한다. 목표 문형을 분석하고 교재를 분석하는 동안 자신의 모의수업에 필요한 수업 자료도 함께 수집한다. 여기에서 수업자료란 사진, 동영상, 주제를 담은 텍스트는 물론 목표 문형이 적절히 사용된 간단한 대화나 문장도 포함된다. 학습자의 한국어 수준에 맞는 한국어 텍스트를 담은 예시 문장과 글을 가능한 많이 수집한 후 교안을 작성하면서 취사선택한다.

② **교안 작성**

교재 분석 자료를 토대로 자신의 모의수업 교안을 **양식 3** 으로 작성한다. 단계별 내용을 작성하기 전에 학습 목표, 학습 내용, 학습자 정보 등을 정확하고 자세하게 작성하는 것이 중요하다.

양식 3 수업 지도안

수업 지도안

수업 일시		수업 시간	1차시(50분)	교사	
제목					
학습 목표					
학습 내용	문법				
	어휘 표현				
학습자 정보					

단계	교수-학습 활동	유의점	학습 자료	시간
도입				
제시				
연습				
활용				
마무리				

(2) 모의수업 수행

모의수업의 교안은 50분 수업으로 작성하되 실제 모의수업은 30분 정도로 진행하는 것이 일반적이다. 수업 연습을 실제 수업과 같은 시간으로 진행해 보는 것이 좋겠지만 효율적으로 진행하기 위해 시간을 줄이고자 한다면 연습이나 활용에서의 수행 시간이 실제와 같은 수준으로 할 필요는 없기 때문에 30분 정도로 진행하는 것도 모의수업으로 가능하다. 즉, 모의수업은 도입, 제시(의미제시, 형태제시), 연습(기계적인 연습, 유의미한 연습), 활용, 마무리 등의 단계를 모두 진행하되 반복되는 내용을 생략하여 30분 정도로 실시한다.

모의수업에서 사용할 기자재를 사전에 확인하여야 한다. PPT, 사진, 음악, 동영상 등의 자료를 사용할 경우, 정상적으로 실현되는지도 사전에 확인하여야 한다. 또한 컴퓨터와 화면의 위치, 교실 책상 배치 등을 고려하여 사전에 리허설을 해 보는 것이 좋다. 동영상을 촬영하여 자신의 수업을 자체 모니터링하는 것도 바람직하다. 이를 통해 자신의 좋지 않은 언어습관(속도, 억양, 반복적으로 사용하는 단어)이나 불필요한 비언어적인 행위(몸짓언어)를 발견하여 교정할 기회를 가질 수 있다.

이외에 모의수업 진행을 위해 주의해야 할 사항이 몇 가지 있다. 우선 학생 역할에 관한 것이다. 실제 외국인 학생을 학생으로 하는 경우도 있고 동료 예비교사가 학생 역할을 하는 경우도 있는데, 두 경우 모두 모의수업의 학습자 수준을 미리 숙지하여 그 수준에 맞게 모의수업의 학생으로 참여하여야 한다. 또한 시간을 체크하는 역할도 미리 지정해 두는 것이 좋다.

무엇보다 중요한 것은 모의수업 교사와 동료 예비교사가 모의수업 평가항목을 사전에 파악하여 분석적으로 모의수업을 볼 수 있도록 해야 한다. 양식 4 는 평가표인 동시에 동료 예비교사에게는 모의수업 참관 보고서로도 사용될 수 있다. 점수를 매기고 배점의 근거로 총평을 작성해 봄으로써 모의수업의 효과를 극대화할 수 있다.

양식 4 모의수업 평가표(참관 보고서)

모의수업 평가표(참관 보고서)

학 번		이 름	
모의수업일	년 월 일(요일)	모의수업 교사	
모의수업 급수		주요 학습 내용	

각 항목을 5등급으로 나누어 ∨표 하십시오.

번호	분류	항목	5	4	3	2	1
1	준비	수업 자료 준비					
2	진행 및 방법	수업 내용의 적합성/명확성					
3		효과적인 수업이 이루어지도록 적절한 도입					
4		내용을 적절하고 분명히 설명					
5		학습자의 흥미 유발, 자발적 참여 유도					
6		진행 방법(교수법)의 적합성					
7		효과적인 마무리					
8	상호작용	학습자와의 상호작용(질의/응답 처리, 오류 수정)					
9	교사말	유창성(자연스러운 발화 및 의사소통의 자신감)					
10		정확성(발음, 억양, 어휘, 문법 등에 오류가 없음)					
총 점							/50점

총평	

(3) 평가 및 피드백

모의수업 평가는 양식 4 와 같이 준비, 진행 및 방법, 상호작용, 교사말 등으로 구분할 수 있다. 우선 '준비'는 교안은 물론 PPT, 활동지 등 수업에서 사용되는 모든 수업 자료에 대한 준비 상태로 평가한다. 사소한 철자오류, 음성파일이나 동영상의 작동 오류 등도 평가항목에 포함시켜 예비교사이 사전에 철저히 확인하도록 하기 위함이다. '진행 및 방법'은 실제 수업을 진행하는 방법에 대한 평가로 단계별 내용은 물론 그 내용에 적합한 교수법으로 어떻게 수행했는지를 평가한다. 다음은 '상호작용'인데 수업을 진행함에 있어서 교사와 학생의 상호작용의 중요성을 강조한다는 의미에서 별도로 평가항목을 정해 두는 것이다. 마지막으로 '교사말'이다. 이것은 예비 한국어교사의 한국어 능력을 평가하는 것이 아니라 학습목표를 달성하기 위해 학습자 수준에 맞는 교사말을 할 수 있는지를 평가하는 것이다. 문법을 제시하고 설명할 때 해당 문법의 의미나 용례를 몰라서 어려운 것이 아니라 알고 있지만 그 내용을 학습자 수준에 맞게 하는 것이 어렵기 때문이다.

피드백은 담당교수의 피드백과 동료 예비교사의 피드백을 모두 실시하는 것이 좋다. 모의수업을 피드백할 때, 우선 교안에 대한 피드백으로 시작하게 된다. 교안 작성 과정에서도 담당교수의 피드백을 받는 것이 일반적이지만, 피드백을 반영하여 수정된 것에 추가로 피드백이 필요하게 마련이다. 동료 예비교사가 서로 수정해야 할 부분을 찾아보고 조언해 주는 것도 매우 중요하다. 각기 다른 목표 문형으로 모의수업을 하기 때문에 동료 예비교사의 교안을 검토하는 과정을 통해 그 목표 문형에 대한 수업 준비도 하게 되고 자신의 모의수업 교안에서 수정해야 할 부분을 스스로 발견하게 될 수도 있기 때문이다.

교안에 대한 피드백이 끝나면, 모의수업에서 작성한 '모의수업 참관 보고서'를 토대로 항목별 점수와 그 점수를 주게 된 이유를 설명하는 방식으로 진행할 수 있다. 동료 예비교사가 준 점수는 점수로서 의미가 있는 것이 아니라 문제점을 파악하여 해결하기 위한 목적으로만 사용하는 것이 좋다. 즉, 채점을 하고 그에 대한 근거로 '총평'을 기록해 둠으로써 활발한 피드백이 이루어질 수 있고 이것이 더 나은 수업으로 발전하게 한다. 또한 모의수업을 수행한 예비교사도 자신의 수업을 스스로 평가

해 보도록 하고, 수업을 하는 동안 어떤 점이 어려웠는지 어떤 부분이 계획대로 되지 않았는지 등을 이야기하게 함으로써 실질적인 피드백을 줄 수 있어야 한다.

11강

모의수업 ②

학습 목표

- 1급 수준의 수업 진행 방법을 이해한다.
- 실제 교안을 통해 교안 작성법을 터득한다.
- 1급 교안을 작성할 수 있다.

이 강에서는 1급 모의수업의 실제 교안 샘플과 피드백이 제시된다. 제시된 교안을 동료 예비교사와 함께 수정해 보는 연습은 일반적으로 흔히 나타나는 실수와 오류를 사전에 확인하여 수정 방안을 모색해 봄으로써 모의수업 교안 작성에 실질적인 도움이 된다.

1 1급 교안 샘플 및 피드백

제시된 샘플 교안에서 적절하지 않은 부분을 찾아보고 왜 그렇게 생각했는지 발표해 본다. 정리된 피드백을 확인하고 피드백 내용을 반영하여 교안을 어떻게 수정할지 토론해 본다. 대상 학생은 1급 학습자이며, 교재는 〈함께 배워요 한국어1A〉이다.

① 1급 교안 샘플

예비교사가 교안을 작성할 때 흔히 범할 수 있는 오류가 포함된 샘플 교안이다. 수정해야 할 부분을 찾아보고 왜 수정해야 하는지에 대해서도 의견을 정리해 본다.

수업 지도안

수업 일시	○○○○년 6월 21일	수업 시간	1차시(50분)	교사	김철수
제목	3과 쇼핑				
학습 목표	'-고 싶다'를 사용하여 말할 수 있다.				
학습 내용	문법	-고 싶다			
	어휘 표현				
학습자 정보	다국적, 초급,				

단계	교수-학습 활동	유의점	학습 자료	시간
도입	T: 오늘 날씨가 추워요? S: 네, 추워요. T: 그래요. 추워요. 여러분은 추울 때 먹고 싶은 것이 있어요? S: 훠궈를 먹고 싶어요. T: 저는 갈비탕을 먹고 싶어요.	'먹고 싶다.' 말을 할 때 먹는 동작도 같이 제시한다.	교재	5분
제시	T: 제목을 읽으세요. S: 명동에 가고 싶어요. T: 여러분 명동에 가고 싶어요? S: 네. T: 이것은 뭐예요? S: 비빔밥이에요. T: 맞아요. 저는 오늘 아침밥을 안 먹었어요. 지금 배가 고파요. 비빔밥을 먹고 싶어요. 따라하세요. 비빔밥을 먹고 싶어요. S: 비빔밥을 먹고 싶어요. T: 이것은 뭐예요? S: 치마예요. T: 치마가 예뻐요. 저는 치마를 사고 싶어요. 이것은 뭐예요? S: 책이에요. T: 맞아요. 책이에요. 책을 읽어요. 책을 읽고 싶어요. T: 여러분 여기 보세요. 가다 ➡ 가고 싶다 먹다 ➡ 먹고 싶다 공부하다 ➡ 공부하고 싶다 | 동사 | -고 싶다 | | 가다 먹다 공부하다 | 가고 싶어요 먹고 싶어요 공부하고 싶어요 |			10분

단계	교수-학습 활동	유의점	학습 자료	시간

연습	p. 130
	(기본연습1을 진행한다.)
	T: 여러분 따라하세요.
	    김밥을 먹고 싶어요.
	S; 김밥을 먹고 싶어요.
	T: 옷을 사고 싶어요.
	S: 옷을 사고 싶어요.
	    ……
	
	p. 131
	〈기본연습2〉
	T: 그림을 보세요. 두 사람은 지금 어디에 있어요?
	S: 마트에 있어요.
	T: 따라하세요. 뭘 살 거예요?
	S: 뭘 살 거예요?
	T: 딸기를 먹고 싶어요. 딸기를 살 거예요.
	S: 딸기를 먹고 싶어요. 딸기를 살 거예요.
	T: 잘했어요. 왜? 딸기를 사요? ***씨
	S: 딸기를 먹고 싶어요.
	T: 맞아요. 딸기를 먹고 싶어요. 마트에 가요. 딸기를 사요. 다음 그림을 보세요. 이게 뭐예요?
	S: 배…
	T: **씨, 배 좋아요?
	S: 네/아니요.
	(과일 단어를 학습한다.)
	T: 지금 여러분 옆에 친구와 같이 대화를 만들어 보세요.
				10분

단계	교수-학습 활동	유의점	학습 자료	시간
활용	p. 139. 〈대화연습1〉 T: 여러분, 139쪽 대화연습 1을 보세요. 　　학생1이 언제 명동에 갈 거예요? 질문해요. 　　학생2는 주말에 갈 거예요. 대답해요. 　　학생1은 명동에서 가방을 사고 싶어요. 　　여러분 친구하고 어디에 언제 갈 거예요? 　　질문하고 대답하세요. 　　(짝활동으로 진행하고 교사는 돌아다니며 확인한다.) 　　… 　　여러분 다 했어요? 　　그럼, 흐엉 씨하고 유카 씨가 해 보세요.	오류가 없는지 돌아가며 살핀다.		20분
마무리	문법 내용을 간단히 정리하고 질문을 받은 후 다음 차시로 넘어간다.		ppt	5분

② 1급 교안 피드백

동료 예비교사가 하나의 교안을 같이 살펴보고 수정해야 할 부분에 대해서 의견을 나누는 과정은 매우 효과적이다. 자신이 생각하지 못했던 오류를 깨닫게 되며 어떻게 수정·보완 할지에 대한 아이디어도 서로 나눌 수 있다. 다음은 피드백의 일부를 표시한 것이다.

수업 지도안

수업 일시	○○○○년 6월 21일	수업 시간	1차시(50분)	교사	김철수
제목	3과 쇼핑				
학습 목표	'-고 싶다'를 사용하여 말할 수 있다.				
학습 내용	문법	-고 싶다			
	어휘 표현				
학습자 정보	다국적 / 초급				

피드백:
- '-고 싶다'를 학습하여 어떤 표현을 사용할 수 있는지 구체적으로 기술해야 한다. '-고 싶다'를 사용하여 희망, 바람 등을 표현할 수 있다.
- 빈칸으로 두지 말고, 해당 시간에 학습할 목표 어휘 표현을 적는다.
- 단순히 다국적으로 적을 것이 아니라 개별 학생의 국적을 구체적으로 적어야 한다. 중국, 베트남, 프랑스 등 국적을 적는 것이 일반적이나 국적과 모어가 다를 경우에는 학습자의 모어를 명시하는 것이 좋다. 중국어권, 베트남어권과 같이 적어도 된다.
- 초급이 아닌 해당 급을 쓰고 몇 시간 정도 학습한 학습자인지 시간을 기록하는 것이 좋다.
- 학습자들의 성별, 나이, 학력 수준, 한국어 학습 목적 등의 학습자변인을 자세히 적을수록 수업의 목표와 방법이 분명해진다.

단계	교수-학습 활동	유의점	학습 자료	시간
도입	T: 오늘 날씨가 추워요? S: 네, 추워요. T: 그래요. 추워요. 여러분은 추울 때 먹고 싶은 것이 있어요? S: 훠궈를 먹고 싶어요. T: 저는 갈비탕을 먹고 싶어요. ※ 교사의 질문이 단순히 '네, 아니요'로 나오게 하는 것은 아닌지 점검해야 한다. 교사의 질문은 학생이 스스로 생각해서 구체적인 문장을 발화할 수 있도록 해야 한다. 예) 오늘 날씨가 어때요? ※ 교사 발화에 미학습 표현이 너무 많이 노출되어 있다. '춥다'는 나과 3항, '-(으)ㄹ 때', '-(으)ㄴ'은 뒤과에 배우는 표현이다. 따라서 도입은 다른 상황으로 설계해야 한다.	'먹고 싶다.' 말을 할 때 먹는 동작도 같이 제시한다.	교재	5분
제시	T: 제목을 읽으세요. S: 명동에 가고 싶어요. T: 여러분 명동에 가고 싶어요? S: 네. T: 이것은 뭐예요? S: 비빔밥이에요. T: 맞아요. 저는 오늘 아침밥을 안 먹었어요. 지금 배가 고파요. 비빔밥을 먹고 싶어요. 따라하세요. 비빔밥을 먹고 싶어요. S: 비빔밥을 먹고 싶어요. ※ 단계마다 필요한 학습 자료(교재, PPT, 연습지, 활동 카드 등을 적어야 한다. ※ 미학습 표현 '안' 3과 3항, '배가 고프다' 3과 4항임. 1급 초반은 특히 학생들이 배운 표현이 없기 때문에 한국어로 한국어를 설명하는 것이 어려운 것은 사실이다. 그러나 미학습 표현으로 설명을 하는 것은 학생들의 혼란을 가중시킬 뿐 효과적이지 않다. 따라서 이런 경우는 배운 범위 내에서 최대한 어휘를 사용하고 나머지 부분은 교사의 동작이나 표정으로 채워야 하는 부분이 있다. 따라서 교안에는 행동 지문도 포함되어야 한다.			10분

단계	교수-학습 활동	유의점	학습 자료	시간
	T: 이것은 뭐예요? S: 치마예요. T: 치마가 예뻐요. 　　저는 치마를 사고 싶어요. 　　이것은 뭐예요? S: 책이예요. T: 맞아요. 책이에요. 책을 읽어요. 책을 읽고 싶어요. T: 여러분 여기 보세요. 　　가다 ➡ 가고 싶다 　　먹다 ➡ 먹고 싶다 　　공부하다 ➡ 공부하고 싶다 	동사	-고 싶다
---	---
가다 먹다 공부하다	가고 싶어요 먹고 싶어요 공부하고 싶어요				

맞춤법 관련 메모: 교안에서 맞춤법은 매우 중요하다. 특히 '-이에요/예요'의 오류는 많으므로 주의해야 한다.

형태 변화 제시 관련 메모: 초급에서 형태 변화 제시는 매우 중요하다. 교사가 단순 교체로만 제시할 것이 아니라 그 안에서 규칙을 학습자가 파악하고 내재화할 수 있도록 제시해야 한다. 해당 문법의 경우는 받침 유무와 상관없이 형태는 모두 '-고 싶다'로만 제시되며, 형용사는 사용되지 않음을 제시해야 한다.

단계	교수-학습 활동	유의점	학습 자료	시간
연습	p. 130 (기본연습1을 진행한다.) T: 여러분 따라하세요. 　　김밥을 먹고 싶어요. S: 김밥을 먹고 싶어요. T: 옷을 사고 싶어요. S: 옷을 사고 싶어요. 　　…… p. 131 〈기본연습2〉 T: 그림을 보세요. 　　두 사람은 지금 어디에 있어요? S: 마트에 있어요. T: 따라하세요. 뭘 살 거예요? S: 뭘 살 거예요? T: 딸기를 먹고 싶어요. 딸기를 살 거예요. S: 딸기를 먹고 싶어요. 딸기를 살 거예요. T: 잘했어요. 왜? 딸기를 사요? ***씨 S: 딸기를 먹고 싶어요. T: 맞아요. 딸기를 먹고 싶어요. 마트에 가요. 딸기를 사요. 다음 그림을 보세요. 이게 뭐예요? S: 배… T: **씨, 배 좋아요? S: 네/아니요. (과일 단어를 학습한다.) T: 지금 여러분 옆에 친구와 같이 대화를 만들어 보세요.	연습을 진행하기 위해서는 그 연습 진행 방법에 대한 계획이 구체적으로 세워져 있어야 한다. '교사 vs 전체'로 진행할 것인지, 짝활동으로 진행할 것인지, 모둠활동을 진행할 것인지 등의 계획이 있어야 한다. 모둠 단계에는 마무리가 있어야 한다. 학생들이 기계적으로만 발화하고 있지 않은지, 정말 연습을 이해했는지에 대한 확인 단계가 필요하다. 예) 지니 씨, 지금 뭐 하고 싶어요? 등으로 간단히 질문해서 확인해 볼 수 있을 것이다. 연습은 '기계적인 연습'과 '유의미한 연습'이 모두 포함되어야 한다. 이 교안에는 '유의미한 연습'이 없다. 1급의 경우 한국어를 학습한지 얼마 되지 않았기 때문에 글자를 보고 읽으면서도 능숙하게 말하기 어려운 경우가 있다. 학습 표현이 학생들의 입에 익을 수 있도록 같은 문장이라도 학생들과 여러 번 연습을 하는 과정이 필요하다. 예시 대화를 '교사 vs 전체', '교사 vs 학생1' 등으로 여러 번 익힌 후에 한두 문제 정도는 교체 연습을 보여주며 연습의 방법을 익히게 하는 것이 좋다. 따라서 교안에는 어떻게 연습 방법을 제시할지에 대한 계획도 기록되어 있어야 한다.		10분

단계	교수-학습 활동	유의점	학습 자료	시간
활용	p. 139. 〈대화연습1〉 T: 여러분, 139쪽 대화연습 1을 보세요. 학생1이 언제 명동에 갈 거예요? 질문해요. 학생2는 주말에 갈 거예요. 대답해요. 학생1은 명동에서 가방을 사고 싶어요. 여러분 친구하고 어디에 언제 갈 거예요? 질문하고 대답하세요. (짝활동으로 진행하고 교사는 돌아다니며 확인한다.) … 여러분 다 했어요? 그럼, 흐엉 씨하고 유카 씨가 해 보세요.	오류가 없는지 돌아가며 살핀다.		20분
마무리	문법 내용을 간단히 정리하고 질문을 받은 후 다음 차시로 넘어간다.		ppt	5분

활용 메모: 활용은 해당 차시에 학습한 표현을 사용하여 좀 더 확장된 대화를 진행하는 단계이다. 대화 상황에 대한 이해가 없이 교사가 예시 대화를 말로만 설명하는 것은 무의미한 과정이라고 볼 수 있다. 따라서 학생들과의 질문, 대답의 과정을 통해 대화를 진행하는 상황을 이해시키는 과정이 필요하다.

유의점 메모: 어떤 오류가 나타날 수 있는지 교사는 미리 예측해야 한다.

대화연습 메모: 해당연습은 어떤 장소에 가는 친구에게 자신도 뭘 하고 싶으므로 같이 가자고 말해야 하는 내용이다. 따라서 다양한 장소에서 할 수 있는 일들을 학생들과 미리 정리한 후 대화 상황을 이해시키는 과정이 필요하다.

마무리 메모: 구체적으로 어떻게 실행하고 마무리를 할 것인지 교사의 발화와 학생의 반응을 써야 한다. 목표 문형이 학생의 발화에 포함되도록 하는 것이 바람직하다.

2 1급 교안 작성 연습

제시된 피드백과 동료 예비교사와의 토론을 통해 발견한 내용을 토대로 1급 교안을 작성한다.

수업 지도안

수업 일시		수업 시간		교사	
제목					
학습 목표					
학습 내용	문법				
	어휘 표현				
학습자 정보					

단계	교수-학습 활동	유의점	학습 자료	시간
도입				

단계	교수-학습 활동	유의점	학습 자료	시간
제시				

단계	교수-학습 활동	유의점	학습 자료	시간
연습				

단계	교수-학습 활동	유의점	학습 자료	시간
활용				
마무리				

12강

모의수업 ③

학습 목표

- 2급 수준의 수업 진행 방법을 이해한다.
- 실제 교안을 통해 교안 작성법을 터득한다.
- 2급 교안을 작성할 수 있다.

이 강에서는 2급 모의수업의 실제 교안 샘플과 피드백이 제시된다. 11강에서 연습한 실제 교안 샘플과 피드백을 바탕으로 2급 모의수업 및 교안 작성에서 고려해야 할 점을 모색해 보고자 한다.

1 2급 교안 샘플 및 피드백

제시된 샘플 교안에서 적절하지 않은 부분을 찾아보고 왜 그렇게 생각했는지 발표해 본다. 정리된 피드백을 확인하고 피드백 내용을 반영하여 교안을 어떻게 수정할지 토론해 본다. 대상 학생은 2급 학습자이며, 교재는 〈서강 한국어 2B〉이다.

① 2급 교안 샘플

예비교사가 교안을 작성할 때 흔히 범할 수 있는 오류가 포함된 샘플 교안이다. 수정해야 할 부분을 찾아보고 왜 수정해야 하는지에 대해서도 의견을 정리해 본다.

수업 지도안

수업 일시	○○○○년 6월 21일	수업 시간	1차시(50분)	교사	김철수
제목	6과 스페인에 가 본 적이 있으세요?				
학습 목표	'-(으)ㄴ 적이 있다'를 사용하여 경험의 유무를 표현할 수 있다.				
학습 내용	문법	'-(으)ㄴ 적이 있다'			
	어휘 표현	번지점프, 탈춤			
학습자 정보	중국어권 학습자 8명, 일본어권 학습자 3명, 베트남어권 학습자 2명 300시간 학습자				

단계	교수-학습 활동	유의점	학습 자료	시간
도입	T: 여러분 저는 어제 옛날 물건을 사러 인사동에 갔어요. 여러분은 인사동에 가 본 적이 있어요? S: 네, 가 본 적이 있어요. T: 거기에서 뭐 했어요? S: 한국 전통 음식을 먹었어요.		교재 사진 자료 PPT	5분
제시	T: 여러분 이 사진을 보세요. 이게 뭐예요? S: 비빔밥이에요. T: 여러분은 이거 알아요? 이거 먹어 봤어요? S: 네, 먹어 봤어요. T: 네, 에릭 씨는 비빔밥을 먹은 적이 있어요. 〈칠판 판서〉 > −(으)ㄴ 적이 있다 > − 비빔밥을 먹은 적이 있다. > − 지하철에서 지갑을 잃어버린 적이 있다. T: 자, 이 문장을 읽어 보세요. 저는 지하철에서 지갑을 잃어버린 적이 있어요. S: 저는 지하철에서 지갑을 잃어버린 적이 있어요. T: 저는 작년에 지하철에서 지갑을 잃어버렸어요. 정말 놀랐어요. 유미 씨도 지갑을 잃어버린 적이 있어요? S: 아니요, 지갑을 잃어버린 적이 없어요.			10분

단계	교수-학습 활동	유의점	학습 자료	시간
	T: 여러분 여기 보세요. 　가다 ➡ 간 적이 있다 　먹다 ➡ 먹은 적이 있다 　산책하다 ➡ 산책한 적이 있다 　만들다 ➡ 만든 적이 있다 | 동사	-(으)ㄴ 적이 있다 | |---|---| | 가다 먹다 산책하다 듣다 | 간 적이 있다 먹은 적이 있다 산책한 적이 있다 들은 적이 있다 |			
연습	**p. 110** (기본연습을 진행한다.) 번지점프를 해 봤어요? 대학로에 가 봤어요? 탈춤을 춰 봤어요? 한국의 옛날 음악을 들어 봤어요? T: 여러분 이 문장을 '-(으)ㄴ 적이 있다'를 사용해서 바꿔 보세요. 번지점프를 해 봤어요? S: 번지점프를 해 본 적이 있어요? T: 대학로에 가 봤어요? S: 대학로에 가 본 적이 있어요? 　　　…… T: 네, 좋아요. 옆의 친구에게 질문해 보세요.		교재 활동지	10분

단계	교수-학습 활동	유의점	학습 자료	시간
	p. 110 〈유의미한 연습〉 인터뷰 활동 (시간에 따라 2-3명과 인터뷰 진행) T: 미나 씨, 인사동에 가 본 적이 있어요? S: 아니요, 가 본 적이 없어요. T: 유카 씨는 인사동에 가 본 적이 있어요? S: 네, 가 본 적이 있어요. T: 어땠어요? S: 사람도 많고 옛날 물건도 많아서 재미있었어요. T: 아, 그랬어요? 여러분 지금부터는 이런 경험을 한 적이 있어요? 없어요? 질문하고 그 일을 한 적이 있으면 어땠어요?하고 질문할 거예요. 이 종이에 친구한테 질문하고 메모하세요. 친구 2명과 질문하고 대답해 보세요.			
활용	p. 115 〈과제〉 T: 여러분, 115쪽 과제를 보세요. 다른 사람은 안 해 본 특별한 경험이 있어요? 그 경험을 메모지에 써 보세요. 그리고 친구들한테 경험을 말해 보세요. 여러분은 친구의 이야기를 듣고 같은 경험이 있으면 '있다'라고 말하세요. 그 경험이 있는 사람에게 초콜릿을 하나 주는 거예요. 경험이 없으면 친구들한테 초콜릿을 하나씩 받으세요. 마지막에 초콜릿이 제일 많은 사람이 이기는 거예요. (모둠 활동으로 진행하고 교사는 돌아다니며 확인한다.) … 여러분 다 했어요? 누가 제일 초콜릿이 많아요?	학생들이 구체적인 경험을 말할 수 있도록 지도한다.	활동지 초콜릿	20분
마무리	T: 여러분, '-(으)ㄴ 적이 있다'를 이해했어요? 질문 있어요? 없으면 10분 쉬세요.			5분

② 2급 교안 피드백

다음은 2급 교안의 피드백의 일부를 표시한 것이다.

수업 지도안

수업 일시	○○○○년 6월 21일	수업 시간	1차시(50분)	교사	김철수
제목	6과 스페인에 가 본 적이 있으세요?				
학습 목표	'-(으)ㄴ 적이 있다'을 사용하여 경험의 유무를 표현할 수 있다.				
학습 내용	문법	'-(으)ㄴ 적이 있다'			
	어휘 표현	번지점프, 탈춤			
학습자 정보	중국어권 학습자 8명, 일본어권 학습자 3명, 베트남어권 학습자 2명 300시간 학습자				

단계	교수-학습 활동	유의점	학습 자료	시간
도입	T: 여러분 저는 어제 옛날 물건을 사러 인사동에 갔어요. 여러분은 인사동에 가 본 적이 있어요? S: 네, 가 본 적이 있어요. T: 거기에서 뭐 했어요? S: 한국 전통 음식을 먹었어요. *도입에서는 학습자가 이미 학습한 표현을 사용하여 해당 차시 목표 표현을 사용하는 상황을 제시한 후 교체될 표현으로 노출시켜야 한다. 그런데 교사가 전후 상황 설명 없이 해당 차시 표현을 직접 발화하고 학습자가 직접 대답하게 된다면 학습자는 이 표현을 이미 알고 있는 것이므로 학습할 필요가 없다. 학생들이 이해하고 발화를 하는 것인지 교사의 발화를 그대로 따라하는 것인지 구분이 필요하다.*		교재 사진 자료 PPT	5분

단계	교수-학습 활동	유의점	학습 자료	시간
제시	T: 여러분 이 사진을 보세요. 이게 뭐예요? S: 비빔밥이에요. T: 여러분은 이거 알아요? 이거 먹어 봤어요? S: 네, 먹어 봤어요. T: 네, 에릭 씨는 비빔밥을 먹은 적이 있어요. 〈칠판 판서〉 -(으)ㄴ 적이 있다 - 비빔밥을 먹은 적이 있다. - 지하철에서 지갑을 잃어버린 적이 있다. T: 자, 이 문장을 읽어 보세요. 저는 지하철에서 지갑을 잃어버린 적이 있어요. S: 저는 지하철에서 지갑을 잃어버린 적이 있어요. T: 저는 작년에 지하철에서 지갑을 잃어버렸어요. 정말 놀랐어요. 유미 씨도 지갑을 잃어버린 적이 있어요? S: 아니요, 지갑을 잃어버린 적이 없어요. 이 차시 문법은 이미 '-았어요/었어요, -아/어 봤어요'를 학습한 이후에 배우게 되는 표현이다. 유사 문법에 대한 구분이 없이 교사가 임의로 교체해서 변경한다면 이후에 해당 문법의 의미 차이가 드러나도록 설명을 하거나 질문에 대한 대비가 있어야 하는데 그러한 계획이 전혀 이루어지지 않고 있다. 어디까지 제한을 하여 제시를 한다거나 질문이 있을 때 어떠한 예문을 들어 설명할 것인지에 대한 계획이 있어야 한다. 해당 교재에서는 '아/어 보다', '-(으)ㄴ 적이 있다/없다', '-아/어 본 적이 있다/없다'가 혼재되어 노출되고 있다. 교사 스스로가 정리가 되어 있지 않다면 수업의 효과를 기대하기 어렵다.			10분

단계	교수-학습 활동	유의점	학습 자료	시간
	T: 여러분 여기 보세요. 　가다 ➡ 간 적이 있다 　먹다 ➡ 먹은 적이 있다 　산책하다 ➡ 산책한 적이 있다 　만들다 ➡ 만든 적이 있다 	동사	-고 싶다
---	---
가다	간 적이 있다
먹다	먹은 적이 있다
산책하다	산책한 적이 있다
듣다	들은 적이 있다		2급이기 때문에 형태교체 연습에 너무 많은 시간을 들일 필요는 없지만 불규칙 활용에 대한 부분은 꼼꼼히 짚어줄 필요가 있다. 교안에는 간단히 제시하지만 실제 수업 중에는 판서를 하지 않더라도 비슷한 형태의 단어를 한두 개 질문해서 규칙을 이해했는지 파악할 필요는 있다. 단순히 활용 교체 연습으로만 무의미하게 지나갈 것이 아니라 학생이 의미있는 문장을 생성하면서 교체 연습을 할 수 있도록 하는 것도 방법이다. 교사가 가다를 제시하면서 '인사동에'를 붙여준다면 학생들이 '인사동에 간 적이 있다'처럼 완전한 문장을 생성해낼 수 있다.		
연습	p. 110 (기본연습을 진행한다.) 번지점프를 해 봤어요? 대학로에 가 봤어요? 탈춤을 춰 봤어요? 한국의 옛날 음악을 들어 봤어요? 이 연습은 기본 교체 연습이면서 학생의 경험 유무를 확인할 수 있는 연습이다. 그런데 특별한 어휘가 나오므로 그전에 번지점프, 탈춤과 같은 특별한 어휘들은 학생들에게 먼저 설명을 한 후에 연습을 진행해야 한다. 그에 대한 대비로 사진 자료 등을 준비해야 하는데 그러한 계획을 확인해 볼 수 없다. 교안을 준비할 때는 수업에 필요한 모든 자료들을 예상하고 준비하는 과정이 포함되어 있어야 한다.	연습 진행에 대한 구체적인 계획이 명시되어 있지 않다. 두 개의 연습을 진행하기에는 연습 시간이 짧아 보인다. 실질적인 시간을 예측하고 기록하는 것이 중요하다.	교재 활동지	10분

단계	교수-학습 활동	유의점	학습 자료	시간
	T: 여러분 이 문장을 '-(으)ㄴ 적이 있다'를 사용해서 바꿔 보세요. 번지점프를 해 봤어요? S: 번지점프를 해 본 적이 있어요? T: 대학로에 가 봤어요? S: 대학로에 가 본 적이 있어요? …… T: 네, 좋아요. 옆의 친구에게 질문해 보세요. p. 110 〈유의미한 연습〉 인터뷰 활동 (시간에 따라 2-3명과 인터뷰 진행) T: 미나 씨, 인사동에 가 본 적이 있어요? S: 아니요, 가 본 적이 없어요. T: 유카 씨는 인사동에 가 본 적이 있어요? S: 네, 가 본 적이 있어요. T: 어땠어요? S: 사람도 많고 옛날 물건도 많아서 재미있었어요. T: 아, 그랬어요? 여러분 지금부터는 이런 경험을 한 적이 있어요? 없어요? 질문하고 그 일을 한 적이 있으면 어땠어요?하고 질문할 거예요. 이 종이에 친구한테 질문하고 메모하세요. 친구 2명과 질문하고 대답해 보세요.			

> 교재에는 질문을 교체하는 연습만 나와 있지만 이 연습을 기본 교체 연습에서 유의미한 활동으로 발전시키기 위해서는 그 질문에 대한 대답까지도 유도해야 한다. 그러므로 '네, 해 본 적이 있어요. 아니요, 해 본 적이 없어요.' 같은 대답을 할 수 있도록 예시를 보여 주어야 한다.

> 학생들이 책을 보고 단순히 한 번 교체를 해 보았다고 해서 그 문법을 이해했다고 보기는 어렵다. 연습이 끝난 후 교사는 학생들이 이해했는지 여부를 확인해야 한다. 책을 보지 않고 교사의 질문에 대답을 하게 하고, 발화 속도도 확인하면서 학생들의 입에 붙게 하는 반복 연습이 필요하다.

> 간단하지만 학생들이 한 활동에 대한 확인을 하는 질문 과정이 포함되어야 한다.

단계	교수-학습 활동	유의점	학습 자료	시간
활용	p. 115 〈과제〉 T: 여러분, 115쪽 과제를 보세요. 다른 사람은 안 해 본 특별한 경험이 있어요? 그 경험을 메모지에 써 보세요. 그리고 친구들한테 경험을 말해 보세요. 여러분은 친구의 이야기를 듣고 같은 경험이 있으면 '있다'라고 말하세요. 그 경험이 있는 사람에게 초콜릿을 하나 주는 거예요. 경험이 없으면 친구들한테 초콜릿을 하나씩 받으세요. 마지막에 초콜릿이 제일 많은 사람이 이기는 거예요. (모둠 활동으로 진행하고 교사는 돌아다니며 확인한다.) … 여러분 다 했어요? 누가 제일 초콜릿이 많아요? 교사가 활동을 설명하는 데 시간이 오래 걸릴 것으로 보인다. 교사가 학생들을 상대로 예를 보여주는 것이 필요하다. 또한 당승히 그 경험이 있다, 없다라만 끝날 것이 아니라 그 경험에 대해 구체적으로 얘기해 보는 단계를 넣는 것이 필요하다. 학생들에게 그 경험에 대해 질문하는 과정이 필요함을 보여줄 필요가 있다. 또한 다른 팀에서 나온 특이한 경험을 전체로 확인하는 과정을 추가할 필요가 있다.	학생들이 구체적인 경험을 말할 수 있도록 지도한다.	활동지 초콜릿	20
마무리	T: 여러분, '-(으)ㄴ 적이 있다'를 이해했어요? 질문 있어요? 없으면 10분 쉬세요. 학생의 이해 여부를 확인하는 단계에서 교사가 질문이 있는지 없는지 묻는 것이 마무리는 아니다. 학생이 실제 이해했는지 구체적인 질문을 던져서 확인해야 한다.			5

2 2급 교안 작성 연습

제시된 피드백과 동료 예비교사와의 토론을 통해 발견한 내용을 토대로 2급 교안을 작성한다.

수업 지도안

수업 일시		수업 시간		교사	
제목					
학습 목표					
학습 내용	문법				
	어휘 표현				
학습자 정보					

단계	교수-학습 활동	유의점	학습 자료	시간
도입				

단계	교수-학습 활동	유의점	학습 자료	시간
제시				

단계	교수-학습 활동	유의점	학습 자료	시간
연습				

단계	교수-학습 활동	유의점	학습 자료	시간
활용				
마무리				

13강

모의수업 ④

학습 목표

- 3급 수준의 수업 진행 방법을 이해한다.
- 실제 교안을 통해 교안 작성법을 터득한다.
- 3급 교안을 작성할 수 있다.

127

이 강에서는 3급 모의수업의 실제 교안 샘플과 피드백이 제시된다. 앞 강에서 연습한 실제 교안 샘플과 피드백을 바탕으로 3급 모의수업 및 교안 작성에서 고려해야 할 점을 모색해 보고자 한다.

1 3급 교안 샘플 및 피드백

제시된 샘플 교안에서 적절하지 않은 부분을 찾아보고 왜 그렇게 생각했는지 발표해 본다. 정리된 피드백을 확인하고 피드백 내용을 반영하여 교안을 어떻게 수정할지 토론해 본다.

① 3급 교안 샘플

제시된 샘플 교안에서 적절하지 않은 부분을 찾아보고 왜 그렇게 생각했는지 발표해 본다. 정리된 피드백을 확인하고 피드백 내용을 반영하여 교안을 어떻게 수정할지 토론해 본다. 대상 학생은 3급 학습자이며, 교재는 〈서울대 한국어 3A〉이다.

수업 지도안

수업 일시	○○○○년 6월 21일	수업 시간	1차시(50분)	교사	김지수
제목					
학습 목표	'-(으)ㄹ걸 그랬다'를 사용하여 지나간 일에 대한 후회를 표현할 수 있다.				
학습 내용	문법	'-(으)ㄹ걸 그랬다'			
	어휘 표현				
학습자 정보	영어권 학습자 5명, 일본어권 학습자 3명, 베트남어권 학습자 2명 500시간 학습자				

단계	교수-학습 활동	유의점	학습 자료	시간
도입	T: 여러분은 쇼핑을 자주 해요? S: 네, 자주 해요. T: 보통 어디에서 해요? S: 동대문에서 해요. T: 인터넷에서도 자주 해요? S: 가끔 해요. T: 인터넷에서 물건을 사고 후회한 적이 있어요? S: 네. T: 그때 어떤 생각을 했어요? S: 이 신발을 왜 샀을까 생각했어요. T: 아, 이 신발을 사지 말걸 그랬어요. 생각했어요?		교재 PPT	5분
제시	**p. 124 track 50** T: 여러분 두 사람의 대화를 잘 들어 보세요. 여자는 인터넷에서 뭘 샀어요? 여자는 지금 뭘 후회하고 있어요? S: 신발을 샀어요. 안 신어 보고 샀어요. 그래서 후회하고 있어요. T: 네, 그래서 신발을 신어 보지 않은 것을 후회하고 있어요. PPT로 확인 T: 따라 읽으세요. 신어 보고 살걸 그랬어. S: 신어 보고 살걸 그랬어. PPT로 확인 구두를 신었는데 발이 아파요. 운동화를 신을걸 그랬어요. T: 여러분 지금 이 사람은 왜 후회를 해요? S: 구두를 신은 것을 후회해요. T: 맞아요. 그래서 운동화를 신을걸 그랬어요. 라고 생각해요.			10분

단계	교수-학습 활동	유의점	학습 자료	시간
	PPT로 확인 가방이 비싸서 안 사고 집에 왔는데 계속 생각나. 살걸. T: 여러분 이 사람은 가방을 샀어요? 안 샀어요? S: 안 샀어요. T: 그런데 계속 생각이 나요. 그래서 안 산 걸 후회하고 있어요. 그래서 살걸. 이라고 생각했어요. 오늘 배우는 '-(으)ㄹ걸 그랬다'는 어떤 일에 대한 후회를 표현하는 문법이에요. 지금 한 일이 마음에 들지 않아서 이렇게 하면 더 좋았을 거라고 생각하면서 말할 때 사용해요. 〈칠판 판서〉 	-(으)ㄹ걸 그랬다

- 신발을 신어 보고 살걸 그랬어. - 운동화를 신을걸 그랬어.	 T: 여러분 한번 바꿔 보세요. 　가다 ➡ 갈걸 그랬다 　읽다 ➡ 읽을걸 그랬다 　운동하다 ➡ 운동할걸 그랬다 　만들다 ➡ 만들걸 그랬다 	동사	-(으)ㄹ걸 그랬다
---	---
가다 읽다 운동하다 만들다	갈걸 그랬다 읽을걸 그랬다 운동할걸 그랬다 만들걸 그랬다				

단계	교수-학습 활동	유의점	학습 자료	시간
연습	**워크북 p.98** (연습1을 진행한다.) T: (타이트한 바지를 입고 있는 사람의 사진을 보여주며) 여러분 이렇게 바지를 입었는데 바지가 매우 작을 때 '바지가 꽉 끼다'라고 해요. 　여러분은 이렇게 새로 산 바지가 꽉 낄 때 어떤 후회를 할 것 같아요? S1: 조금 더 큰 걸 살걸 그랬어요. S2: 이 바지를 사지 말걸 그랬어요. T: 맞아요. 여러 가지 후회를 할 수 있어요. 지금부터 옆 친구하고 1번부터 4번까지 연습해 보세요. (학생들에게 시간을 준 후 답을 확인한다.) T: 에릭 씨도 라면을 먹지 말걸 그랬다고 생각한 적이 있어요?/ 미나 씨도 굽이 낮은 구두를 신을걸 그랬다고 생각한 적이 있어요? (학생들에게 완성한 문장과 관련하여 개인의 경험을 질문한다.) **워크북 p.98** (연습2를 진행한다.) T: 자, 그럼 연습2를 보세요. 도미니크 씨, 첫 번째 박스 읽어 보세요. S: 구두를 현금으로 샀다. 구두를 산 후에 김밥을 사 먹으려고 했는데 돈이 없었다. T: 네, 여러분 이럴 때는 어떤 생각을 할까요? 밑에서 찾아서 연결해 보세요. 뭐가 맞아요? S: 카드로 결제할걸 그랬다. T: 네, 맞아요. 다른 것도 연결해 보세요.		교재 워크북	10분

단계	교수-학습 활동	유의점	학습 자료	시간
활용	**p. 124** 〈과제〉 T: 여러분, 124쪽 연습을 보세요. 티엔 씨는 새로 샀던 구두 중에서 마음에 안 드는 구두가 있었어요? S: 네, 있어요. T: 언제 산 구두였어요? 왜 마음에 안 들었어요? 그래서 어떤 생각을 했어요? S: 지난 방학에 백화점에서 산 구두가 마음에 안 들었어요. 살 때는 예뻤는데 계속 신으니까 발이 아팠어요. 사지 말걸 그랬어요. T: 네, 좋아요. 우리 책에 보면 1-4번까지 문장이 있어요. 여러분이 이런 경험이 있으면 언제 이런 생각을 했는지 왜 그랬는지 친구들과 이야기해 보세요. (모둠 활동으로 진행하고 교사는 돌아다니며 확인한다.) • 상황을 그대로 바꾸어 '-(으)ㄹ걸 그랬다'로 잘못 말하는 경우가 있으므로 교사는 학생들의 발화를 주의 깊게 살펴본다. … 여러분 다 했어요? 그럼 팀 대표가 한 명씩 발표해 보세요.	학생들이 구체적인 경험을 말할 수 있도록 지도한다.	교재	20분
마무리	T: 여러분, 한국에 온걸 후회한 적이 있어요? S: 네, 한국에 오지 말걸 그랬어요. T: 왜 그렇게 생각했어요? S: 친구들은 벌써 취직해서 돈을 벌고 있는데 저는 아직 학생이어서 걱정이 많이 돼요. T: 걱정하지 마세요. 다 잘될 거예요. 그럼 우리 10분 쉬고 계속 공부해요.			5분

② 3급 교안 피드백

다음은 3급 교안의 피드백의 일부를 표시한 것이다.

수업 지도안

수업 일시	OOOO년 6월 21일	수업 시간	1차시(50분)	교사	김지수
제목	서울대 한국어 3A ... *(교재명과 단원명을 쓴다.)*				
학습 목표	'-(으)ㄹ걸 그랬다'를 사용하여 지나간 일에 대한 후회를 표현할 수 있다.				
학습 내용	문법	'-(으)ㄹ걸 그랬다'			
	어휘 표현	*(목표 어휘와 표현을 쓴다. 주요 새 단어와 표현을 위주로 선별한다.)*			
학습자 정보	영어권 학습자 5명, 일본어권 학습자 3명, 베트남어권 학습자 2명 500시간 학습자				

단계	교수-학습 활동	유의점	학습 자료	시간
도입	T: 여러분은 쇼핑을 자주 해요? S: 네, 자주 해요. T: 보통 어디에서 해요? S: 동대문에서 해요. T: 인터넷에서도 자주 해요? S: 가끔 해요. T: 인터넷에서 물건을 사고 후회한 적이 있어요? S: 네. T: 그때 어떤 생각을 했어요? S: 이 신발을 왜 샀을까 생각했어요. T: 아, 이 신발을 사지 말걸 그랬어요. 생각했어요?	도입에서 학생의 경험을 이끌어낸다는 점은 좋지만, 교사가 원하는 대답을 이끌어내기까지 너무 많은 질문을 해야 하는 점은 바람직하지 않다. 교사가 원하는 상황은 신발을 신어보지 않고 인터넷으로 구매한 상황에서 학생들이 신발을 구매한 후에 하는 것일 것이다. 이 상황을 이끌기 위해 해야 할 질문이 뭔지 고민할 필요가 있다. 학생이 어떤 말을 해야 하는 상황인지 설정하고 역으로 그 대답이 나오도록 질문을 구성해 보는 것이 효과적일 것이다. *특별한 상황이 아니라면 처음부터 부정형을 제시하는 것보다는 일반적 형태를 제시하는 것이 더 바람직하다.*	교재 PPT	5분

단계	교수-학습 활동	유의점	학습 자료	시간
제시	p. 124 track 50 T: 여러분 두 사람의 대화를 잘 들어 보세요. 여자는 인터넷에서 뭘 샀어요? 여자는 지금 뭘 후회하고 있어요? S: 신발을 샀어요. 안 신어 보고 샀어요. 그래서 후회하고 있어요. T: 네, 그래서 신발을 신어 보지 않은 것을 후회하고 있어요. PPT로 확인 T: 따라 읽으세요. 　신어 보고 살걸 그랬어. S: 신어 보고 살걸 그랬어. PPT로 확인 구두를 신었는데 발이 아파요. 운동화를 신을걸 그랬어요. T: 여러분 지금 이 사람은 왜 후회를 해요? S: 구두를 신은 것을 후회해요. T: 맞아요. 그래서 운동화를 신을걸 그랬어요. 라고 생각해요.	두 사람의 대화를 도입에서 사용할 수도 있을 것이다. 그러나 이전에 학생들이 관련 상황에 대해 생각해 볼 수 있도록 도입에서는 간단히 언급하고 대화를 통해서 의미와 상황을 제시하는 것이 효과적이라고 생각한다. 교재에 따라서 대화 상황이 녹음된 경우가 있으므로 그 부분을 제시 첫 단계에서 노출할 것인지, 문법에 대한 의미 파악 후에 확인 차원에서 듣기를 할 것인지는 교사의 수업 구성에 따라 달라질 수 있을 것이다. 중급 정도의 학생들은 핵심표현만을 따라 읽고 끝낼 것이 아니라 학생들이 역할을 맡아 대화를 읽어 보게 하는 것이 필요하다. 중급임에도 불구하고 읽기가 매우 어색한 학생들이 있기 때문에 전체 읽기로만 할 경우 개개인의 읽기 실력 확인이 어려울 수 있다. 문장을 통해서 확인하는 것도 방법이지만 학생들의 경험을 통해서 이끌어 내는 것이 학생들의 관심을 집중시키는 방법이다. 그러므로 학생들에게 구두를 신고 발이 아픈 경험이 있는지 묻고 그때 어떤 생각을 했는지 이끌어낸 후에 해당 예문을 제시하는 것이 더 효과적일 것이다.		10분

단계	교수-학습 활동	유의점	학습 자료	시간
	PPT로 확인 가방이 비싸서 안 사고 집에 왔는데 계속 생각 나. 살걸. T: 여러분 이 사람은 가방을 샀어요? 안 샀어요? S: 안 샀어요. T: 그런데 계속 생각이 나요. 그래서 안 산 걸 후회하고 있어요. 그래서 살걸. 이라고 생각했어요. 오늘 배우는 '-(으)ㄹ걸 그랬다'는 어떤 일에 대한 후회를 표현하는 문법이에요. 지금 한 일이 마음에 들지 않아서 이렇게 하면 더 좋았을 거라고 생각하면서 말할 때 사용해요. 〈칠판 판서〉 ┌─────────────────────┐ │ -(으)ㄹ걸 그랬다 │ ├─────────────────────┤ │ - 신발을 신어 보고 살걸 그랬어. │ - 운동화를 신을걸 그랬어. └─────────────────────┘ T: 여러분 한번 바꿔 보세요. 가다 ➡ 갈걸 그랬다 읽다 ➡ 읽을걸 그랬다 운동하다 ➡ 운동할걸 그랬다 만들다 ➡ 만들걸 그랬다 | 동사 | -(으)ㄹ걸 그랬다 | | 가다 | 갈걸 그랬다 | | 읽다 | 읽을걸 그랬다 | | 운동하다 | 운동할걸 그랬다 | | 만들다 | 만들걸 그랬다 |	이 문장에서는 '그랬어요'의 생략 가능한 부분을 노출시키는 부분이므로 교사는 그 부분도 짚어주어야 한다. 교사가 의미를 명료하게 제시한 점은 좋았다. 그런데 여기에서 주의해야 할 점은 문법책에 있는 의미를 그대로 가져다가 제시하면 안 된다는 점이다. 이 과에서는 학생 수준에 '후회하다'가 적정한 어휘로 노출이 되었기 때문에 사용할 수 있었지만 모든 문법이 해당 의미를 그대로 제시할 수 있는 것이 아니다. 3급에서의 형태 교체를 이렇게 하나씩 하면서 초급과 같은 비중으로 다룰 필요는 없다. 이미 판서와 교재를 통해 제시된 문장을 통해서 학생들은 규칙성을 파악하고 있을 것이다. 따라서 판서나 문장 제시를 할 때 자연스럽게 학생들이 스스로 터득할 수 있게 받침 유무, 양성,음성모음에 따라 달라지는 형태가 포함된 문장을 제시하는 것이 바람직하다. 그럼에도 학생들이 자주 틀리는 불규칙 형태들은 교사가 제시하여 확인을 해 보는 것은 필요하다.		

단계	교수-학습 활동	유의점	학습 자료	시간
연습	**워크북 p.98** (연습1을 진행한다.) T: (타이트한 바지를 입고 있는 사람의 사진을 보여주며) 여러분 이렇게 바지를 입었는데 바지가 매우 작을 때 '바지가 꽉 끼다'라고 해요. 여러분은 이렇게 새로 산 바지가 꽉 낄 때 어떤 후회를 할 것 같아요? S1: 조금 더 큰 걸 살걸 그랬어요. S2: 이 바지를 사지 말걸 그랬어요. T: 맞아요. 여러 가지 후회를 할 수 있어요. 지금부터 옆 친구하고 1번부터 4번까지 연습해 보세요. (학생들에게 시간을 준 후 답을 확인한다.) T: 에릭 씨도 라면을 먹지 말걸 그랬다고 생각한 적이 있어요?/ 미나 씨도 굽이 낮은 구두를 신을걸 그랬다고 생각한 적이 있어요? (학생들에게 완성한 문장과 관련하여 개인의 경험을 질문한다.) **워크북 p.98** (연습2를 진행한다.) T: 자, 그럼 연습2를 보세요. 도미니크 씨, 첫 번째 박스 읽어 보세요. S: 구두를 현금으로 샀다. 구두를 산 후에 김밥을 사 먹으려고 했는데 돈이 없었다. T: 네, 여러분 이럴 때는 어떤 생각을 할까요? 밑에서 찾아서 연결해 보세요. 뭐가 맞아요? S: 카드로 결제할걸 그랬다. T: 네, 맞아요. 다른 것도 연결해 보세요.	✏️ 연습 도입 단계에서 타이트한 바지를 입고 있는 사람의 사진을 제시한다고 했는데 준비물에는 사진이 누락되어 있다. ✏️ 이 연습은 단순한 문장 교체 연습으로 대화 상황이 아니다. 이런 경우 짝활동이 적합하다고 보기 어렵다. 교사가 습관적으로 짝활동으로 연습을 진행하고 있지는 않은지 스스로 점검해 보아야 한다. ✏️ 이 연습이 워크북에 있는 연습이긴 하지만 교재에 있는 것을 평면적으로 이용하기보다는 학습 효과를 높일 수 있는 방법으로 고민을 해야 할 것이다. 이 연습은 상황과 후회의 내용을 각기 카드로 만들어 상황만 보고 어떤 후회를 할지 생각해 보고 후회의 내용을 연결하거나 후회의 내용만 보고 상황을 추측하게 한 후 실제 상황과 연결하게 하는 것이 더욱 효율적일 것이다. 교재에 있는 내용을 어떻게 연습으로 진행할지는 교사가 수업 전에 반드시 고민해야 할 부분이다. ✏️ 이 연습에는 '카드로 결제할걸 그랬다.'와 '돈을 아껴 쓸걸 그랬다.'가 동시에 제시되어 있으므로 두 후회의 상황이 어떤 차이가 있는지 설명할 필요가 있다. ✏️ 개인 연습으로 진행할지, 짝활동으로 진행할지에 대한 계획이 없다. 또한 학생들이 연습하는 동안 교사는 어떤 일을 할 것인지에 대한 계획 또한 누락되어 있다.	교재 워크북	10

단계	교수-학습 활동	유의점	학습 자료	시간
활용	p. 124 〈과제〉 T: 여러분, 124쪽 연습을 보세요. 티엔 씨는 새로 샀던 구두 중에서 마음에 안 드는 구두가 있었어요? [미학습 표현임.] S: 네, 있어요. T: 언제 산 구두였어요? 왜 마음에 안 들었어요? 그래서 어떤 생각을 했어요? S: 지난 방학에 백화점에서 산 구두가 마음에 안 들었어요. 살 때는 예뻤는데 계속 신으니까 발이 아팠어요. 사지 말걸 그랬어요. T: 네, 좋아요. 우리 책에 보면 1-4번까지 문장이 있어요. 여러분이 이런 경험이 있으면 언제 이런 생각을 했는지 왜 그랬는지 친구들과 이야기해 보세요. (모둠 활동으로 진행하고 교사는 돌아다니며 확인한다.) • 상황을 그대로 바꾸어 '-(으)ㄹ걸 그랬다'로 잘못 말하는 경우가 있으므로 교사는 학생들의 발화를 주의 깊게 살펴본다. … 여러분 다 했어요? 그럼 팀 대표가 한 명씩 발표해 보세요.	학생들이 구체적인 경험을 말할 수 있도록 지도한다.	교재	20분
마무리	T: 여러분, 한국에 온걸 후회한 적이 있어요? S: 네, 한국에 오지 말걸 그랬어요. T: 왜 그렇게 생각했어요? S: 친구들은 벌써 취직해서 돈을 벌고 있는데 저는 아직 학생이어서 걱정이 많이 돼요. T: 걱정하지 마세요. 다 잘될 거예요. 그럼 우리 10분 쉬고 계속 공부해요.			5분

주석:
- 교안에서뿐만 아니라 실제 수업에서도 나타날 수 있는 상황이다. 교사는 학생의 대답을 기다리지 않고 본인이 해야 할 질문들을 계속 추가해서 던지거나 같은 내용이라도 표현을 바꿔 가면서 다시 질문하는 경우가 있다. 이 경우 학생들은 교사의 첫 번째 질문에 대한 대답을 생각하다가 두 번째 질문을 받게 되면 당황하게 된다.

- 이 연습의 목표는 지난주에 한 일 중에서 후회하는 일에 대해 이야기하는 것이다. 제시된 문장 외에 학생들이 실제로 어떤 후회를 했었는지 생각해 보고 발표하는 것으로 더 확장해야 한다.

- 후회와 아쉬움에 대한 내용이긴 하지만 교사의 질문이 부정적인 내용은 아닌지 자가 점검이 필요하다. 학생들의 공부에 대한 사기를 북돋을 수 있는 방향의 질문을 고민해야 할 필요가 있다.

2 3급 교안 작성 연습

제시된 피드백과 동료 예비교사와의 토론을 통해 발견한 내용을 토대로 3급 교안을 작성한다.

수업 지도안

수업 일시			수업 시간		교사	
제목						
학습 목표						
학습 내용	문법					
	어휘 표현					
학습자 정보						

단계	교수-학습 활동	유의점	학습 자료	시간
도입				

단계	교수-학습 활동	유의점	학습 자료	시간
제시				

단계	교수-학습 활동	유의점	학습 자료	시간
연습				

단계	교수-학습 활동	유의점	학습 자료	시간
활용				
마무리				

14강

모의수업 ⑤

학습 목표

- 시범수업의 의미와 운영 방식을 이해한다.
- 시범수업에 필요한 절차를 익힌다.
- 시범수업 후 자신의 수업을 스스로 모니터링 할 수 있다.

1 시범수업 개요

　시범수업은 모의수업의 마지막 단계이며 교육과정의 최종 평가이기도 하다. 이론을 토대로 교안 작성 방법을 익히고 강의참관을 통해 교육현장에서 실제 수업을 체험한 후 모의수업 교안을 작성하여 모의수업을 진행하였다. 모의수업에서 받은 담당교수와 동료 예비교사의 피드백을 반영하여 기존 교안을 수정·보완하여 시범수업 교안을 작성한 후 완성된 수업으로서 시범수업을 진행하는 것이다.

2 시범수업 운영 방식

　시범수업은 국립국어원(2017:16~19)의 한국어교육 실습 교과목 운영지침에서 제시한 모의수업 운영 지침과 같은 방식으로 진행한다. 즉, 담당교수의 지도하에 오프라인으로 실시함을 원칙으로 하며, 반드시 담당교수의 지도와 평가가 있어야 한다. 또한 동료 수강생의 모의수업도 볼 수 있는 기회를 제공해야 한다.
　한국어교육 실습과정을 통해 작성한 모의수업 교안을 수정하고 보완하여 완성된 수업을 구현해 보는 것이기 때문에 모의수업에서 선택한 목표 문형과 교육 내용을 그대로 유지하는 것이 중요하다. 시범수업도 모의수업과 마찬가지로 동료 예비교사와 함께 공유하게 되므로 교사 수만큼의 완성된 수업을 참관할 수 있을 뿐더러 모의수업에서 시범수업으로 완성되어가는 과정을 체험할 수 있다.

3 시범수업 진행

　시범수업은 모의수업의 피드백을 반영하여 교안을 수정하는 것으로부터 시작된다. 교안은 50분 수업으로 작성하되 실제 시범수업은 모의수업과 마찬가지로 반복되는 부분을 생략하여 진행한다. 모의수업을 30분 정도로 진행하는 것과 달리 시범수업은 피드백으로 수정된 부분을 중심으로 15분 내외로 진행한다. 시범수업에서 사용할 기자재를 확인하고, 교실의 책상 배치나 학생 역할에서의 주의 사항 등은 모의수업과 동일하게 준비하여 진행한다.

시범수업은 모의수업과 달리 보통 하루에 진행하기 때문에 시간, 순서, 역할에 대한 세부 내용을 양식 4 와 같이 사전에 공지하는 것이 좋다.

양식 4 시범수업 순서 및 세부 내용

순서	시간	시범강의 및 참관 보고서 작성	학생 역할
1	9:00–10:00	예비교사①	예비교사⑨ 예비교사⑩ 예비교사⑪ 예비교사⑫
2		예비교사②	
3		예비교사③	
4		예비교사④	
5	10:00–11:00	예비교사⑤	예비교사⑬ 예비교사⑭ 예비교사⑮ 예비교사⑯(시간 확인 담당)
6		예비교사⑥	
7		예비교사⑦	
8		예비교사⑧	
9	11:00–12:00	예비교사⑨	예비교사① 예비교사② 예비교사③ 예비교사④
10		예비교사⑩	
11		예비교사⑪	
12		예비교사⑫	
13	12:00–13:00	예비교사⑬	예비교사⑤ 예비교사⑥ 예비교사⑦ 예비교사⑧(시간 확인 담당)
14		예비교사⑭	
15		예비교사⑮	
16		예비교사⑯	

학생 역할이 8~12명 정도가 되어야 시범수업을 원활하게 진행할 수 있으므로 예비교사 수가 16명 정도라면 두 그룹으로 나누어 시범수업과 참관 보고서를 쓰는 팀과 학생역할을 하는 팀으로 나누어 진행하면 된다. 예비교사 수가 16명보다 적을 경우에는 학생 역할을 8명 이상은 확보하고 나머지 교사의 수를 돌아가며 참관보고서를 작성하도록 한다. 사전에 협의가 된다면 시범수업을 촬영하여 평가 자료를 보존

하는 동시에 피드백 자료로 사용하는 것이 바람직하다.

양식 5 모의수업 평가표(참관 보고서)

시범수업 평가표(참관 보고서)

학 번			이 름	
시범수업일	년 월 일(요일)		시범수업 교사	
시범수업 급수		주요 학습 내용		

각 항목을 5등급으로 나누어 ∨표 하십시오.

번호	분류	항목	5	4	3	2	1
1	준비	수업 자료 준비					
2	진행 및 방법	수업 내용의 적합성/명확성					
3		효과적인 수업이 이루어지도록 적절한 도입					
4		내용을 적절하고 분명히 설명					
5		학습자의 흥미 유발, 자발적 참여 유도					
6		진행 방법(교수법)의 적합성					
7		효과적인 마무리					
8	상호작용	학습자와의 상호작용(질의/응답 처리, 오류 수정)					
9	교사말	유창성(자연스러운 발화 및 의사소통의 자신감)					
10		정확성(발음, 억양, 어휘, 문법 등에 오류가 없음)					
		총 점			/50점		
총평							

시범수업 평가는 **양식 5** 와 같이 모의수업 평가표와 같은 형식으로 준비하면 된

다. 담당교수는 해당 실습교육과정의 평가 자료로 사용하고, 동료 예비교사들은 시범수업 참관 보고서로 사용할 수 있다.

다음은 Brown(2007:572~574)에서 제시한 것인데 자신의 수업을 스스로 모니터링하는 데에 참고할 수 있다.

Ⅰ. 학습 환경

A. 학생과의 관계
1. 나는 학생들과 시선을 잘 마주친다. 나는 칠판에 대고, 학생의 머리 위에서, 혹은 한 학생에게만 이야기하지 않는다.
2. 나는 교실 한 쪽에서 주로 수업한다. 이것을 잘 알고 있다. 그래서 항상 모든 학생들에게 골고루 집중하기 위해서 의식적으로 노력한다.
3. 나는 조직적이고 원칙적인 방식으로 학생들은 모둠을 나눈다. 이렇게 해서 만들어진 모둠은 모둠 활동의 목표에 따라, 크기와 구성면에서 달라야 한다는 것을 알고 있다.

B. 교실
1. 나는 가능한 경우, 그날의 수업 활동에 맞춰 교실 자리를 바꾼다.
2. 나는 온도와 빛과 같은 교실의 물리적인 안락함에 신경을 쓴다.
3. 특별한 자료나 장비가 필요할 경우, 수업이 시작되기 전에 준비를 시킨다.

C. 수업
1. 교실 내 어떤 위치에서 보더라도 읽을 수 있도록 칠판과 차트에 글씨를 쓴다. 시력이 안 좋은 학생들에게 보일 정도로 크게 쓴다.
2. 나는 교실 내 어떤 위치에서도 들릴 수 있도록 크게 말하고, 똑똑하게 발음한다.
3. 학생들이 최대한 관심을 유지하도록 하기 위해서 수업 활동을 빠르고 느리게 바꾸면서 수업 활동을 다양하게 전개한다.
4. 나는 모든 학생에게 다양한 설명. 예 및 묘사를 할 수 있도록 준비하고 있다.
5. 나는 학생들이 학습 원칙과 일반화를 할 수 있도록 도와준다.
6. 학생들이 새로 배운 기술이나 개념을 잊지 않고, 나중에도 적용할 수 있도록 충분히 오래 사용하도록 한다.
7. 나는 학생들에게 "생각할 시간"을 주어, 학생들이 자신의 생각을 정리하고, 무엇을 말하고 무엇을 할지를 계획할 수 있도록 한다.

D. 문화와 적응
1. 나는 문화적 차이가 학습 환경에 영향을 미친다는 사실을 주지하고 있다.
2. 나는 일상적인 활동을 계획할 때 학생들의 문화적 배경을 염두에 두며, 내가 선택한 활동이 문화적 오해를 불러일으킬 수도 있다는 것을 주지하고 있다.
3. 나는 서로 이해하고 상호 존중하는 분위기를 장려한다.

Ⅱ. 학생들

A. 신체 건강
1. 나는 시각이나 청각이 안 좋은 학생을 알고 있으며, 내가 주로 가르치는 위치에 최대한 가깝게 앉도록 조치한다.
2. 나는 학생의 정신 및 신체 건강과 주의를 딴 데로 기울게 하는 외부 자극에 따라서, 매일 학생의 집중 시간이 바뀌는 것을 알고 있다. 나는 학생의 강점을 살릴 수 있도록 수업 활동의 속도를 조절한다. 학생들이 지치거나 지겨워할 수 있는 활동을 구성하지 않는다.
3. 나는 학생들을 깨우고, 서로 협동하도록 하기 위해서 간단한 활동으로 수업을 시작한다.
4. 나는 좋지 않은 하루를 보내는 학생들에게 민감하게 반응한다. 평소 수준대로 수업할 수 없는 학생에게 압력을 가하지 않는다.
5. 나는 최상의 상태에 있는 학생에게 어려운 도전거리를 준다.
6. 나는 하루가 좋지 않아서 그 때문에 정상적인 수업 방식이 영향을 받을 것 같다고 느낄 때, 학생들에게 사실을 알려서 그들에 대한 내 감정을 오해하지 않도록 한다.

B. 자아상
1. 나는 학생들로부터 기대하는 것과 마찬가지의 존중심으로 학생들을 대한다.
2. 나는 학생들이 어느 시점에서 스스로 중요하고 인정받고 있다고 느낄 수 있는 기회를 주기 위해서 "1인 중심(one-centered)" 활동을 계획한다.
3. 나는 대부분의 경우, 가르치는 것을 좋아하고, 가르치는 것을 즐긴다.

C. 태도와 인식
1. 나는 학생들이 다르게 배운다는 것을 알고 있다. 시각적으로 민감한 학생이 있는가하면, 운동근육이 민감한 학생들도 있으며, 청각적으로 민감한 학생들도 있다.
2. 나의 수업 활동은 다양하다. 시각, 청각, 구술 및 운동감각적 활동 등이 있다. 나는 각 영역 학습을 최대화할 수 있는 본보기. 예 및 경험을 제공한다.
3. 나는 기억 과정의 기본적 개념을 알고 있다. 적용이 가능한 경우, 나는 연상을 이용하여 학생들이 빠른 기술 습득을 하도록 돕는다.

D. 강화
1. 나는 학생들이 잘할 때 칭찬해 준다. 그러나 기계적이 될 정도로 자주 하지는 않는다.
2. 나는 그날 수업 중에 나온 새로운 개념을 복습할 수 있는 방식으로 수업을 마친다. 학생들은 즉각적으로 새로운 개념에 대한 자신의 이해 정도를 평가할 수 있다.
3. 나는 시험을 훌륭하게 계획하고 만든다.
4. 나는 학생들에게 점수 산정 시스템을 분명하게 공개해서 기대에 따른 오해가 없도록 한다.

E. 발달
1. 나는 회외와 워크숍에 참석하고 직업분야 관련 논문과 책을 읽음으로써 ESL 직업 분야에서 새로 등장하는 교수기법을 익힌다.
2. 나는 수업을 하는 데 있어 절대적으로 올바른 방법이 있다고 생각하지 않는다. 적당한 경우와 시점에서 새로운 아이디어를 시도해 본다.
3. 나는 다른 ESL 교사들을 참관하여, 다른 아이디어를 얻고 나의 교수 유형과 비교한다. 나는 하나의 개념을 가르치는 데 있어서 여러 가지 아이디어를 활용하고자 한다.

Ⅲ. 학습활동

A. 상호작용
1. 나는 활동을 하는 데 있어서 내 역할을 최소화한다.
2. 나는 학생들 사이에서 실제 상호작용을 하는 데 알맞은 활동을 조직한다.
3. 나는 학생들의 참여를 극대화한다.
4. 활동은 학생의 입장에서 볼 때 자발성이나 실험 정신을 도모하도록 한다.
5. 학생들은 활동을 통해 관심을 "자신"에서 외부의 "과업"으로 돌린다.
6. 활동이 높은 성공률을 내는 동시에, 어느 정도 어렵게 만들어서 실수할 여지를 남겨둔다.
7. 나는 대체로 나의 실수 교정에 너무 큰 주의를 기울이지는 않는다. 활동을 교정하는데 적당한 시간을 활용한다.

B. 언어
1. 활동에는 초점이 있다.
2. 수업 중 학습한 기술 내용을 수업 밖에서도 쉽게 전환하여 사용할 수 있다.
3. 학생들의 수준에 맞도록 혹은 약간 높게 활동을 계획한다.
4. 활동 내용은 학생들에게 너무 복잡하게 느껴지지 않도록 한다.
5. 나는 학생들의 세계와 관련 있고 의미 있는 활동 내용을 만든다.

시범수업의 피드백은 담당교수의 피드백만 간단히 진행한다. 이미 모의수업을 통해 진행된 피드백 내용이 잘 반영되었는지 확인하고 부족한 부분과 개선방향을 조언해 준다.

5부
강의실습

15강

강의실습

학습 목표

- 강의실습의 의미와 운영 방식을 이해한다.
- 강의실습에 필요한 절차를 익힌다.
- 수업 준비 시 유의해야 할 점을 익힌다.
- 판서하는 방법을 익힌다.
- 수업에서의 피드백 방법을 익힌다.

1 강의실습 개요

강의실습은 한국어 수업 현장에서 실제 수업을 강의하는 것으로, 예비교사가 한국어교육경력 인정 기관 등에서 수강하고 있는 한국어 학습자를 대상으로 직접 강의를 시행하는 것을 말한다.

2 강의실습 운영 방식

국립국어원(2017:16~19)의 한국어교육 실습 교과목 운영지침에서 제시한 강의참관 운영 지침은 다음과 같다.

> - 강의실습은 담당교수(실습 기관의 현장 실습 지도자 인정)의 지도하에 오프라인으로 실시해야 하며, 반드시 담당교수의 지도와 평가가 있어야 한다.
> - 현장 교육기관의 강의실습을 하지 않을 경우, 현장 강의참관을 5분의 1 이상 구성하여 수강생이 실제 한국어교육 현장 경험을 할 수 있도록 해야 한다.

위의 운영지침의 핵심 내용은 '담당교수의 지도하에 오프라인으로 실시함을 원칙으로 하며, 반드시 담당교수의 지도와 평가가 있어야 한다.'이다. 예비교사의 현장실습은 강의참관이나 강의실습 중 하나를 선택하여 진행하면 된다.

3 강의실습 진행

강의실습은 예비교사가 직접 수업을 한다는 점에서는 모의수업과 같으나 가상의 수업이 아닌 실제 수업을 진행한다는 점에서 차이가 있다. 현재 한국어교육기관에서 이루어지는 수업의 연장선상에서 이루어지므로 예비교사에게 더 없이 좋은 경험이 되겠지만 현실적으로 예비교사가 한국어교육기관의 정규과정 수업을 진행할 기회를 얻는 경우는 매우 드물다. 보충수업이나 특강수업의 일부를 맡아 실습하는 경우가 대부분이다. 따라서 해당 기관과의 사전 일정 확인이 매우 중요하며 실습할 수업의 세부사항이 강의실습 요건에 맞는지 꼼꼼히 확인하여야 한다.

(1) 강의실습 준비

강의실습을 위해서 가장 먼저 해야 하는 것은 실습할 기관과의 협약 체결이다. 실습 시간과 실습 장소를 비롯하여 실습생의 평가 방법, 실습 기간 중 실습생 관리, 실습 교과목 교육에 필요한 사항 등 협약서에 포함되어야 할 내용은 1강의 현장 실습 협약서(예시)를 참고하면 된다.

강의실습 기관이 정해지면 실습생은 해당 실습 기관에 대한 사전 조사가 필요하다. 기관의 교육철학, 규모, 학생 규정 등도 확인해 두어야 한다. 기관마다 교육과정을 운영하는 지침이 상이하므로 반드시 확인하여 준수하도록 한다.

강의실습 일정이 확정되면 강의실습 대상의 학습 목적, 한국어 수준, 해당 수업의 학생 수, 연령, 학습자의 모어 분포 등 학습자변인을 되도록 자세히 파악하고 있어야 한다. 실습할 수업의 교재, 학습할 내용 등은 물론 기관이 실습생에게 요구하는 것이 무엇인지도 분명히 파악하고 있어야 한다. 무엇보다도 실습할 학생들을 담당하고 있는 그 기관의 한국어교사의 지침을 따르는 것이 중요하다. 일정 단원을 새로 가르치는 것인지 이전 학습의 복습을 담당하는 것인지, 추가 연습을 해야 하는 것인지 등 구체적으로 파악하고 있어야 한다.

(2) 강의실습 시행

강의실습은 복수의 학생이 모둠을 이루어 수업을 진행할 수도 있고 1:1 수업 형식으로 진행할 수도 있다. 실습생은 수업을 준비하는 과정으로 수업 전 리허설과 14강에서 제시한 자기 수업 점검표를 활용하는 것이 도움이 된다. 실습 기간 중에는 강의실습 일지를 작성하며 문제가 발생하면 즉시 실습 교과목 담당교수와 현장실습 지도자에게 보고하여야 한다.

실습 교과목 담당교수는 강의실습을 위한 세부일정과 사전 정보를 확인하고 실습 기관 담당자와의 소통을 통해 실습 상황을 파악하고 있어야 한다. 또한 실습 시 주의사항 및 실습 일지 작성, 평가방법 등도 사전 지도하여야 한다. 현장실습 지도자는 강의실습을 위한 한국어 수업 관련 정보 및 실습 시 유의사항을 실습 교과목 담당교수와 실습생에게 공지하여야 하며, 실습생 관리와 평가 지침도 마련하여야 한다.

(3) 강의실습 보고

강의실습 일지는 매회 강의실습이 이루어질 때마다 제출하는 것이 바람직하다. 이렇게 할 경우, 실습교과목 담당교수가 실습 현황을 파악하는 데에도 도움이 되면 필요 시 즉각적인 피드백을 주어 실습의 질을 높일 수 있다. 강의실습 일지 대신 강의실습 보고서를 작성할 경우에는 강의실습을 모두 마친 후 제출하는 것이 일반적이다.

강의실습 확인서는 실습 기관에서 작성하여 실습 교과목 담당교수에게 제출한다. 국립국어원의 지침에 따라 작성하게 되는데 자세한 것은 1장을 참고하면 된다.

4 교실 운영 시 참고사항

강의실습을 포함하여 실제 한국어수업 수행 시 참고하면 도움이 될 사항을 몇 가지 추가로 제시하고자 한다. 교안 작성, 강의참관, 모의수업 등을 다룬 장에서 각각 해당하는 내용을 제시하였으나 추가로 정리하면 다음과 같다.

(1) 수업 준비 시 유의해야 할 점

① 첫 수업에 이름표 준비

의사소통 중심 교수법으로 진행되는 수업의 교사와 학생, 학생들 간 수업활동에서는 서로의 이름을 불러 주는 것이 필요하므로 첫 수업에 학생들의 이름표를 준비해야 한다. 일부 교사들 중에는 수업 전에 교사가 출석부를 참고하여 학생들의 이름을 암기하고 수업에 들어가는 것만을 강조하는 경우가 많으나, 실제로는 교사가 학생들의 이름을 숙지하고 있는 것은 기본이고 학생들 간에도 서로의 이름을 부를 수 있도록 만들어 주는 것이 매우 중요하다. 학생들 간의 짝활동이나 그룹 활동에서 서로의 이름을 불러 줌으로써 연습내용이 자신의 대화로 되기 때문이다. 게다가 학생들이 서로의 이름에 익숙해지는 것은 서로 친숙해지는 데 도움이 되어 학습효과도 더불어 높아지는 효과가 있다.

② 교실 책상 배치를 ㄷ자로 배치

수업 규모나 교실환경에 따라 가장 효율적인 형태를 고민하여 책상을 배치하여야 한다. 일반적으로 대학부설 한국어교육기관에서는 학생수를 15명 정도로 하고, 교사 한 명에 컴퓨터교탁과 TV, 칠판 등을 갖춘 교실이 일반적인데 이런 경우에는 보통 ㄷ자로 배치하고 그룹활동 시 3~4명의 모둠으로 책상을 이동하여 진행한다. 교실 책상을 ㄷ자로 구성하면, 교사가 사진이나 동영상, 기타 수업자료로 준비한 PPT를 TV화면으로 보여주거나 칠판에 판서로 제시할 때 모든 학생들이 정면에 집중할 수 있어서 좋을 뿐만 아니라 교사와 학생들 모두 동시에 면대면으로 의사소통할 수 있어서 매우 효율적이다. 또한 짝활동 시에도 교사가 학생들의 활동 상황을 한눈에 살피고 즉시 도움을 주기에도 매우 편리하다.

교실 책상 배치 시에 출입문과 창문, 냉·난방기 등의 위치도 고려해야 한다. 현실적으로 주어진 교실환경에 따라 최선의 방법을 찾기 위해 고민하는 것이 필요하다.

③ 칠판과 필기구 확인

칠판과 필기구를 확인하는 것은 너무나 당연한 것이지만 실제 교육 현장에서는 칠판과 필기구를 미처 확인하지 않은 것으로 인해 당황하는 교사를 적지 않게 보게 된다. 칠판이 분필을 사용하는 것인지 마커를 사용하는 것인지 확인해야 하고, 칠판에 교수자료를 붙이는 경우에는 자석을 준비해야 하는지 테이프를 준비해야 하는지도 확인해야 한다. 초·중급의 경우 판서에서 색을 구분하여 제시하는 것이 필요하므로 필기구도 이에 맞게 준비해야 한다. 예를 들어 화이트보드의 경우, 검은색 이외에 빨간색, 파란색 등을 준비하는 것이 좋고, 분필을 사용할 경우 흰색 이외에 노란색은 기본으로 하고 칠판의 색에 따라 잘 보일 수 있는 색을 추가로 준비하는 것이 필요하다. 흑색 칠판일 경우 빨간색이나 파란색이 잘 보이지 않아 오히려 중요한 내용을 표기할 때 역효과가 나는 경우가 있다.

④ 사용할 기기 확인

일반적으로 대학부설 한국어 교육기관에서는 컴퓨터가 내장되어 있는 컴퓨터 교탁과 TV를 사용하는 경우가 많은데 컴퓨터와 TV를 켜면 자동으로 연결되어 사용할 수 있도록 준비되어 있다. 하지만 여러 사람이 공동으로 사용하는 것이다 보니, 특별한 이유 없이 작동이 안 되거나 각종 문제가 발생하는 경우가 있으므로 수업할 교실에서 사용할 기기를 사전에 확인하여야 하며 어떻게 연결되어 작동되는지도 알아두는 것이 바람직하다. 또한 컴퓨터 보안 상 비밀번호를 사용하는 경우도 있으니 비밀번호를 사전에 숙지하는 것도 필요하다.

교실에서 컴퓨터나 인터넷을 사용할 수 없는 경우에는 효과적인 수업활동을 위해 이를 대치할 방법을 사전에 준비해야 한다. 때에 따라서는 추가 카드나 사진자료를 준비할 수도 있고 노트북을 준비하여 미리 설치하는 방법이나 이동식 음향기기를 수업 시간에 가져갈 수도 있다.

⑤ 학생변인 관련 준비

학생의 모어, 국적, 나이, 학력, 성별, 학습 목적 등 학생변인에 대한 고려는 수업 준비의 기본이다. 이중에서 교사가 소홀히 하기 쉬운 두 가지를 추가로 언급하고자 한다. 하나는 학생 국적을 사전에 확인하여 혹시라도 국가간 분쟁이나 역사적으로 불미스러운 사건이 있는 경우 교사가 미리 알고 배려하는 것이 필요하다. 중국 본토 학생들과 홍콩, 대만 학생들 간에 특정 주제와 관련하여 불편할 수 있으니 교사가 여러 가능한 상황을 사전에 대비하는 것이 좋다.

또한 학생수가 홀수인지 짝수인지에 대한 준비도 필요하다. 짝활동이나 모둠활동 시 학생이 한 명 남을 경우 교사가 그 한 학생의 짝이 되어 주는 것도 하나의 방법이지만 교사가 모든 활동에 그 학생의 짝으로 매달리게 된다면 다른 학생들의 진행상황을 살필 수 없기 때문에 어떻게 학생들을 묶어 줄지에 대한 것도 미리 고민해 두어야 한다. 짝활동 시 모퉁이에 앉은 세 명을 한 팀으로 해 주는 것도 좋은 방법이다. 일렬로 앉은 학생 세 명을 한 팀으로 하는 것보다 거리적으로 가까워 활동하기에 편리하다.

(2) 판서하는 방법

판서를 할 때에는 판서하는 시간이 낭비되지 않도록 하는 것이 가장 중요하다. 이를 위해서 교사는 학생을 등지고 판서하면 안 된다. 판서가 되는 내용을 학생들이 볼 수 있도록 옆으로 서서 해야 하며 쓰는 내용을 교사가 소리 내어 읽는 것도 좋은 방법이다. 무엇보다 중요한 것은 긴 내용을 판서로 하는 것보다는 사전에 교수자료(카드나 연습지, PPT 등)로 제작하여 사용하고 판서는 꼭 필요할 때 간단하게 효과적으로 사용해야 한다. 즉, 제시할 내용 모두를 판서로 하지 말고 주요 내용 중 강조하거나 꼭 필요한 것만을 선별하여 판서해야 한다.

(3) 수업 중 피드백 방법

수업 중 학생의 오류를 어떻게 처리하느냐는 것은 신입 교사는 물론 경험이 적지 않은 교사들에게도 고민스러운 일이다. 기본적인 오류처리 방법을 인지하고 있더라도 학습자의 성향이나 교실 상황에 따라 가장 좋은 오류처리 방법이 다를 수 있기 때문이다.

여기에서는 일반적인 기준에 대해서만 언급하고자 한다. 우선 오류를 처치할 것인지 그대로 둘 것인지를 선택해야 한다. 문법의 제시 단계에서 목표 문형에 대한 오류가 발생했다면 반드시 바로잡아야 하겠지만, 유창성을 요하는 활동에서의 사소한 오류는 오히려 내용에 집중하도록 오류를 지적하지 않는 것이 나은 방법일 수 있다. 문법의 제시 단계라 하더라도 목표 문형의 오류나 목표 문형 관련 오류라면 교정해 주어야 하지만 그렇지 않은 경우에는 지금 학습하는 내용에 집중할 수 있도록 도와주는 것이 좋은 방법일 수 있다.

오류를 처치하는 시기도 다를 수 있다. 발생 즉시 할 수도 있고 그 활동을 마친 후 할 수도 있다. 또한 개별적으로 해당 학생에게 하는 방법과 학급 전체 학생들을 대상으로 오류 피드백을 할 수도 있다. 일반적인 오류라서 다른 학생들에게서도 발생할 가능성이 높은 오류라면 학급 전체로 오류를 처치해야 한다. 오류를 처치한 후에 다시 해당 학생에게 확인하는 방법이 필요할 때도 있다. 경우에 따라서는 오류를 알리고 동료 학생들이 찾아 처치하도록 하거나 오류 자체를 찾아보는 것까지 학생들이 해 보도록 할 수도 있다.

오류를 지적하는 방법도 다양하다. 오류를 명시적으로 지적하고 수정해 주는 방법, 오류를 명시적으로 제시는 하되 학습자가 스스로 발견하도록 기회를 주는 방법, 오류를 지적하되 오류 위치나 종류를 제시한 후 스스로 교정할 기회를 주는 방법 등 다양하다. 오류가 발생했을 때 비언어적인 표현으로 힌트를 주어 학습자 스스로 알아차리도록 도와주는 방법도 있다. 이러한 다양한 오류 처치 방법 중 학습자 변인과 교실 상황을 고려하여 적절한 피드백을 하는 것이 중요하다.

참고문헌

강승혜 외(2014), 한국어교원 교육기관 및 교육과정 평가인증 방안 연구, 국립국어원.

강승혜 외(2017), 한국어교원 교육기관 평가 인증 타당성 점검 및 교원자격제도 운영 효율화 방안 연구, 국립국어원.

강현화 외(2016), 『한국어교육 문법(자료편)』, 한글파크.

강현화 외(2021), 『한국어 이해 교육론』, 한국문화사.

강현화 외(2021), 『한국어 표현 교육론』, 한국문화사.

강현화 외(2022), 『한국어 교재론』, 한국문화사.

강현화(2021), 『한국어 어휘 교육론』, 한글파크.

강현화(2022), 『한국어 문법 교육론』, 소통.

강현화・이미혜(2020), 『한국어교육학개론』, 한국방통대출판원.

고경숙(2008), 문화간 의사소통 관점에서 본 한국어 교사의 역할, 『언어와문화』 4-3, 한국언어문화교육학회, 1-20쪽.

국립국어원 한국어교수학습샘터(2016), 한국어교수학습샘터 활용 길잡이, 국립국어원.

국립국어원(2018), 한국어교원 자격제도 길잡이, 국립국어원.

국립국어원(2019), 한국어교육 실습 교과목 운영 지침, 국립국어원.

권성미(2017), 『한국어 발음 교육론』, 한글파크.

김명광(2022), 개정판 『한국어 교육과정론』, 소통.

김선정 외(2010), 『한국어표현교육론』, 형설출판사.

김중섭(2017), 국제 통용 한국어 표준 교육과정 적용 연구(4단계), 국립국어원.

민병곤 외(2020), 『한국어 교육학 개론』, 태학사.

민현식(2005), 한국어 교사론, 『한국어교육』 16-1, 국제한국어교육학회, 131-168쪽.

박경자(2021), 『한국어 교육 실습』, 한국문화사.

방성원 외(2021), 『한국어 문법 교육론』, 한국문화사.

백봉자(2007), 『외국어로서의 한국어문법사전』, 도서출판 하우.

서울대 언어교육원(2020), 『말하기 활동 자료집』, 한국문화사.

서울대학교 언어교육원(2013:249), 『서울대 한국어』, ㈜투판즈.

서희정 외(2019), 『한국어 교육 실습』, 하우.

송향근(2019), 『예비교사를 위한 한국어 교육론』, 하우.

양명희 외(2018), 『한국어 문법과 표현: 초급』, 집문당.

양명희 외(2019), 『한국어 문법과 표현: 중급』, 집문당.

우형식(2020), 『외국인을 위한 한국어 교수법』, 참.

이선웅 외(2016), 2016년 한국어교원 교육기관 실태 조사 연구, 국립국어원.

이선웅 외(2022), 제2판 『한국어 어휘 교육론』, 한국문화사.

이은경·이윤진(2019), 『제2판 한국어 교육실습』, 한국문화사.

이정란 외(2017), 한국어교육 실습 기관 기초 조사 연구, 국립국어원.

조형일(2015), 개정판 『한국어 교실 수업의 원리와 실제』, 소통.

지현숙(2017), 『한국어 평가론』, 한글파크.

최윤곤(2010), 비원어민 한국어 교원의 현황과 역할, 『외국어로서의한국어교육』 35, 연세대 한국어학당, 187-207쪽.

최윤곤(2020), 『한국어 문법 교육』, 한국문화사.

최은경 외(2015), 의사소통능력 향상을 위한 한국어 통합교재 단원구성 전략 분석, 『국제언어문학』 32, 국제언어문학회, 203-229쪽.

최정선·권미경·최은경(2020), 실시간 온라인 수업에 대한 교수자의 인식 및 만족도 연구: D대학교 한국어 교육기관의 사례를 중심으로, 『동악어문학』 81, 동악어문학회, 135-168쪽.

최정순 외(2012), 한국어교원 양성 및 지원 효율과 방안 연구, 국립국어원.

허용(2020), 『외국어로서의 한국어학의 이해』, 소통.

홍종명(2021), 한국어교원 양성 교육과정 개발 연구, 국립국어원.

Brown, H. D.(2007), 원리에 의한 교수: 언어 교육에의 상호작용적 접근법(제3판), 권오량·김영숙 공역(서울: 피어슨에듀케이션코리아, 2008).

Brown, H. Douglas(2007), Teacher Development, *TEACHING by PRINCIPLES* 3rd, Pearson Education, Inc. pp.486-511.

Enric Llurda(Ed)(2005), *Non-native Language Teachers*, Springer Verlag.

Medgyes, Péter(1992), *Native or non-native: who's worth more?*, ELT Journal 46(4), Oxford

University Press, pp.340-349.

Medgyes, Péter(1994/1999), *The Non-Native Teacher*, Hueber Macmillan Prentice Hall Phoenix ELT.

Medgyes, Péter(2001), When the Teacher is a Non-Native Speaker, *Teaching English as a Second or Foreign Language(3rd)*, Heinle & Heinle: pp.429-442.

Richards, J. C. 2001. *Curriculum development in language teaching*. Cambridge: Cambridge University Press.

Roberts, Jon(1998), *Language Teacher Education*, London: Arnold

국립국어원, 표준국어대사전 https://stdict.korean.go.kr/
고려대학교 민족문화연구원, 고려대한국어대사전

한국어 교재

동국대학교 국제어학원(2015), 『함께 배워요 한국어 1A』, 동국대학교 출판부.
동국대학교 국제어학원(2015), 『함께 배워요 한국어 2A』, 동국대학교 출판부.
서강대학교 한국어교육원(2008), 『서강 한국어 2B』, 서강대학교 국제문화교육원 출판부.
서울대학교 언어교육원(2014), 『서울대 한국어 2A』, 문진미디어.
서울대학교 언어교육원(2015), 『서울대 한국어 3A』, ㈜투판즈.
서울대학교 언어교육원(2015), 『서울대 한국어 4B』, ㈜투판즈.

부록

부록 1   한국어 표준 교육과정

한국어 표준 교육과정
문화체육관광부고시 제2020-54호(2020.11.27.)

제1조(목적) 이 표준 교육과정은 외국어 또는 제2언어로서의 국어를 배우려는 자를 대상으로 하는 표준 교육과정에 관한 사항을 정함을 목적으로 한다.

제2조(표준 교육과정) 한국어 표준 교육과정은【별책 1】과 같다. 이 중 한국어 표준 교육과정의 내용 체계 구성 요소는 별표 1, 숙달 등급별·언어기술별 성취기준은 별표 2과 같다.

　부칙　이 표준 교육과정은 고시한 날부터 시행한다.

【별책 1】한국어 표준 교육과정

【별표 1】 내용 체계의 구성 요소

구성 요소		내용
주제	의사소통의 내용	– 생각이나 활동을 이끌어 가는 중심이 되는 문제이자 내용 – 말이나 글의 중심이 되는 화제 – 개인 신상, 대인 관계, 여가, 교육 등
기능	의사소통의 기능	– 언어 형태를 기반으로 의사소통을 수행할 수 있도록 하는 것 – 의사소통을 통해 수행하고자 하는 일 – 설명하기, 비교하기, 동의하기 등
맥락	의사소통이 이루어지는 상황	– 언어기술이 실제로 사용되는 상황 – 시공간적 배경, 담화 참여자의 역할 또는 관계 – 격식 수준, 구어·문어 차이, 높임법 수준 등
기술 및 전략	의사소통 수행의 세부 방식	– 언어기술이 구현되는 데에 필요한 구체적인 기술과 전략 – 의사소통 문제 해결을 위해 목적을 가지고 실현되는 활동, 의사소통의 효율성을 높이기 위해 사용하는 기법이나 장치 – 듣기, 말하기, 읽기, 쓰기의 하위 기술과 전략
텍스트	내용이 담긴 형식과 구조	– 문장보다 큰 문법 단위로 문장이 모여서 이루어진 한 덩어리의 말이나 글 – 말이나 글의 유형·종류 및 그것의 형식과 구조 – 대화, 독백, 설명문, 논설문 등
언어지식	언어 재료	– 생각(내용)을 언어로 구현시키는 언어의 형태 – 한국어의 형태적, 통사적, 음운적 특성 – 의사소통 기능을 수행하는 데에 필요한 언어 재료인 어휘, 문법, 발음 등

【별표 2】 등급별 · 언어기술별 성취기준

구분		듣기	말하기	읽기	쓰기
1급	총괄목표	기초적이고 일상적인 내용의 짧은 대화에 참여할 수 있으며, 자주 접하는 소재의 짧은 글을 읽거나 쓸 수 있다. 인사나 소개, 간단한 메시지, 정보의 이해나 교환 등의 기초적인 의사소통 기능을 수행할 수 있다.			
	목표	기초적이고 일상적인 내용의 짧은 대화를 이해할 수 있으며, 인사나 소개 등의 의사소통 기능을 수행할 수 있다.	기초적이고 일상적인 내용의 짧은 대화를 할 수 있으며, 인사나 소개 등의 의사소통 기능을 수행할 수 있다.	일상에서 자주 접하는 짧은 글을 이해할 수 있으며, 단순한 정보의 이해나 교환 등 기초적인 의사소통 기능을 수행할 수 있다.	일상에서 자주 접하는 글을 쓸 수 있으며, 간단한 메시지의 작성이나 교환 등 기초적인 의사소통 기능을 수행할 수 있다.
	성취기준	1. 주변에서 자주 접하게 되는 일상적인 소재의 대화를 이해할 수 있다. 2. 개인적이고 친숙한 상황에서의 대화를 이해할 수 있다. 3. 단순한 정보를 파악하거나 들은 내용을 대략적으로 이해할 수 있다. 4. 정형화된 표현이나 한두 문장 내외의 간단한 대화를 이해할 수 있다. 5. 기초 어휘와 기본적인 구조의 문장을 듣고 천천히 말하는 모국어 화자의 발화를 이해할 수 있다.	1. 자신과 주변의 일상적인 대상이나 사물에 대해 말할 수 있다. 2. 개인적이고 친숙한 상황에서 필요한 대화를 할 수 있다. 3. 단순한 정보를 전달하기 위한 말하기를 할 수 있다. 4. 정형화된 표현을 사용하거나 두세 번의 맞장례를 가진 대화를 할 수 있다. 5. 기초 어휘와 기본적인 구조의 문장을 사용하여 부정확하지만 비원어민 화자의 발화에 익숙한 한국인이 이해할 수 있는 발음과 억양으로 말할 수 있다.	1. 일상적이고 구체적인 소재에 대한 글을 읽고 이해할 수 있다. 2. 개인적 생활에서 사용되는 글을 읽고 이해할 수 있다. 3. 읽은 내용을 대체로 이해하고 간단한 정보를 확인할 수 있다. 4. 짧은 생활문이나 간단한 안내 표지, 간판 등을 읽을 수 있다. 5. 발음과 표기가 다를 수 있음을 알고 기초 어휘와 짧은 문장을 바르게 읽을 수 있다.	1. 일상적이고 구체적인 소재에 대한 글을 쓸 수 있다. 2. 개인적 생활에서 사용되는 최소한의 글을 쓸 수 있다. 3. 사실이나 생각을 간단한 문장으로 쓸 수 있다. 4. 간단한 메모를 하거나 몇 문장 수준의 문단을 쓸 수 있다. 5. 자음과 모음의 결합을 통해 글자를 구성할 수 있고, 맞춤법에 맞는 문장을 쓸 수 있다.

구분		듣기	말하기	읽기	쓰기
	총괄 목표	일상적으로 접하는 공적 상황에서의 간단한 대화에 참여할 수 있으며 이러한 상황에서 필요한 글을 읽거나 쓸 수 있다. 정보에 관해 묻고 답하기, 허락과 요청, 메시지의 이해나 교환 등의 의사소통 기능을 수행할 수 있다.			
2급	목표	일상적으로 접하는 공적 상황에서의 간단한 대화를 이해할 수 있으며, 정보에 관해 묻고 답하기, 허락과 요청 등의 의사소통 기능을 수행할 수 있다.	일상적으로 접하는 공적 상황에서 필요한 대화를 할 수 있으며, 허락에 관해 담화하기, 정보에 관해 묻고 답하기와 요청 등의 의사소통 기능을 수행할 수 있다.	주변에서 접하게 되는 공적 상황에서의 글을 이해할 수 있으며, 메시지의 이해나 교환 등의 의사소통 기능을 수행할 수 있다.	주변에서 접하게 되는 공적 상황에서 필요한 글을 쓸 수 있으며, 간단한 정보를 제공하거나, 명시적 시설에 관해 기술하는 의사소통 기능을 수행할 수 있다.
	성취 기준	1. 일상에서의 친교적인 대화나 구체적인 소재의 대화를 이해할 수 있다. 2. 친숙한 공공장소나 비격식적 상황에서 사용되는 표현이나 내용을 이해할 수 있다. 3. 명시적인 정보를 통해 담화 상황이나 발화의 주요 정보 등을 파악할 수 있다. 4. 두 차례 이상의 말차례가 진 대화나 간단한 안내 방송 등의 발화를 이해할 수 있다. 5. 간단한 문장 구조를 알고, 빠르지 않은 모두어 회자의 발화를 이해할 수 있다.	1. 일상에서의 친교적인 대화를 할 수 있으며 구체적인 소재에 대해 구사할 수 있다. 2. 친숙한 공공장소나 비격식적인 상황에서 필요한 대화를 할 수 있다. 3. 자신의 기본적인 의사를 표현하기 위한 말하기를 할 수 있다. 4. 전형적인 구조의 대화를 하거나 짧은 독백을 할 수 있다. 5. 간단한 구조의 문장을 활용하여 부정확하지만, 의사소통이 가능한 정도의 발음과 억양으로 말할 수 있다.	1. 경험적이고 생활적인 소재에 대한 글을 읽고 이해할 수 있다. 2. 일상에서 흔히 접하는 공적인 글을 읽고 이해할 수 있다. 3. 읽은 내용을 전반적으로 이해하고 필요한 정보를 파악할 수 있다. 4. 안내문, 메모 등과 같은 단순한 구조의 실용문이나 생활문을 읽을 수 있다. 5. 구조가 단순한 문장으로 구성된 글을 읽고 이해할 수 있다.	1. 경험적이고 생활적인 소재에 대해 글을 쓸 수 있다. 2. 개인적이며 비격식적인 상황에서 사용되는 글을 쓸 수 있다. 3. 문장과 문장을 자연스럽게 연결하여 일관성 있는 글을 쓸 수 있다. 4. 일기와 같은 생활문이나 주변의 인물이나 사물을 소개하는 글을 쓸 수 있다. 5. 기본적인 어휘와 문법을 활용하여 구조가 단순한 문장을 쓸 수 있다.

구분		듣기	말하기	읽기	쓰기
3급	총괄 목표	자주 접하는 사회적 상황에서의 대화에 참여할 수 있으며, 자신과 관련된 사회적 소재의 글을 읽거나 쓸 수 있다. 권유나 조언, 간단한 설명에 대한 이해나 표현, 정보 교류 등의 의사소통 기능을 수행할 수 있다.			
	목표	자주 접하는 사회적 상황에서 대화를 이해할 수 있으며, 권유나 조언 등의 의사소통 기능을 수행할 수 있다.	자주 접하는 사회적 상황에서 필요한 대화를 할 수 있으며, 권유나 조언 등의 의사소통 기능을 수행할 수 있다.	자신의 삶과 관련된 사회적 소재의 글을 이해할 수 있으며, 필자의 생각을 이해하고 정보를 교류하는 등의 의사소통 기능을 수행할 수 있다.	자신의 삶과 관련된 사회적 소재의 글을 쓸 수 있으며, 정보를 전달하거나 설명하는 의사소통 기능을 수행할 수 있다.
	성취 기준	1. 자신의 삶과 관련된 사회적 소재의 대화를 이해할 수 있다. 2. 공적 관계에서 사람들과 격식적 상황에서 이루어지는 담화를 이해할 수 있다. 3. 담화의 주요 내용이나 화자의 의도를 파악하며 전반적인 내용을 이해할 수 있다. 4. 복잡한 일상 대화나 쉬운 수준의 안내, 인터뷰 등을 이해할 수 있다. 5. 다양한 문장 구조를 알고, 정확한 억양과 보통의 속도로 말하는 모두어 발화를 이해할 수 있다.	1. 자신의 삶과 관련된 사회적 소재에 대해 말할 수 있다. 2. 격식적 상황과 비격식적 상황을 구분하여 대화할 수 있다. 3. 자신의 경험이나 생각에 대해 간단한 담화를 구성하여 말할 수 있다. 4. 복잡한 구조의 대화를 하거나 짧은 내용의 발표를 할 수 있다. 5. 다소 복잡한 문장 구조를 활용하여 비원어민이 발화에 익숙하지 않은 한국인이도 이해할 수 있는 발음과 억양으로 말할 수 있다.	1. 친숙한 사회적 주제에 관한 글을 읽고 이해할 수 있다. 2. 불특정 다수나 사회적 맥락의 독자를 대상으로 한 격식적인 글을 읽고 이해할 수 있다. 3. 글의 핵심 내용을 이해하고 세부 정보를 파악할 수 있다. 4. 다양한 종류의 실용문이나 복잡한 구조의 생활문, 단순한 구조의 설명문을 읽을 수 있다. 5. 다소 복잡한 구조의 문장이 포함된 글을 읽고 이해할 수 있다.	1. 친숙한 사회적 소재에 대해 글을 쓸 수 있다. 2. 익숙한 공적 상황에서 사용되는 격식적인 글을 쓸 수 있다. 3. 자신의 의견과 객관적인 사실을 구분하여 글을 쓸 수 있다. 4. 다양한 종류의 실용문이나 단순한 구조의 설명문을 쓸 수 있다. 5. 다소 복잡한 구조의 문장을 활용하여 비교적 정확하게 글을 쓸 수 있다.

구분	듣기	말하기	읽기	쓰기
총괄 목표	친숙한 사회적·추상적 소재나 직장에서의 기본적인 업무와 관련된 담화에 참여할 수 있으며 평소에 관심이 있는 사회적·추상적 주제의 글을 읽거나 쓸 수 있다. 동의와 반대, 지시와 보고, 생각이나 의도의 이해나 표현 등의 의사소통 기능을 수행할 수 있다.			
목표	친숙한 사회적·추상적 소재나 직장에서의 기본적인 업무와 관련된 담화를 이해할 수 있으며, 동의와 반대, 지시와 보고 등의 의사소통 기능을 수행할 수 있다.	친숙한 사회적·추상적 소재나 직장에서의 기본적인 업무에 필요한 발화를 할 수 있으며, 동의와 반대, 지시와 보고 등의 의사소통 기능을 수행할 수 있다.	평소에 관심이 있는 사회적·추상적 주제에 대한 글을 이해할 수 있으며, 필자의 생각이나 의도를 이해하는 등의 의사소통 기능을 수행할 수 있다.	평소에 관심이 있는 사회적·추상적 주제에 대해 글을 쓸 수 있으며, 생각이나 대상을 설명하거나 자신의 생각을 표현하는 의사소통 기능을 수행할 수 있다.
성취 기준 4급	1. 직업, 교육 등과 같은 보편적인 사회적·추상적 소재의 담화를 이해할 수 있다. 2. 업무 상황이나 공적인 상황에서 사용되는 격식적인 표현이나 내용을 이해할 수 있다. 3. 담화의 주요 내용과 구체적인 세부 정보를 대부분 파악할 수 있다. 4. 정형화된 구조와 형식을 갖춘 인터뷰, 뉴스 등을 이해할 수 있다. 5. 다양하고 복잡한 구조의 문장을 알고, 자연스러운 억양과 속도로 말하는 모국어 화자의 발화를 이해할 수 있다.	1. 직업, 교육 등과 같은 보편적인 사회적·추상적 소재의 대화에 참여할 수 있다. 2. 업무 상황이나 공적인 상황에서 사용되는 격식적 표현을 구분하여 대화할 수 있다. 3. 객관적인 사건이나 구체적 대해 사실적으로 말할 수 있다. 4. 간단한 업무 보고나 짧은 분량의 업무 관련 발표를 수행할 수 있다. 5. 다양한 구조의 문장을 사용하여 자연스러운 발음과 억양으로 말할 수 있다.	1. 친숙한 사회적·추상적 주제에 관한 글을 읽고 정확하게 이해할 수 있다. 2. 익숙한 업무 상황에서 사용되는 격식적인 글을 읽고 이해할 수 있다. 3. 글의 주요 내용과 글의 목적을 파악하며 이해할 수 있다. 4. 복잡한 구조의 설명문이나 단순한 구조의 논설문, 비교적 쉽고 길이가 짧은 문학적 작품을 읽을 수 있다. 5. 비교, 대조, 나열 등의 전개 방식을 파악하여 복잡한 구조의 문장이 포함된 글을 이해할 수 있다.	1. 관심이 있는 사회적·추상적인 소재에 대해 글을 쓸 수 있다. 2. 익숙한 업무 상황에서 격식적으로 사용되는 글을 쓸 수 있다. 3. 핵심 내용이 잘 드러나도록 문단을 구성하여 글을 쓸 수 있다. 4. 다양한 구조의 설명문이나 단순한 구조의 논설문을 쓸 수 있다. 5. 구조가 복잡한 문장을 사용할 수 있고 비교, 대조, 나열 등의 전개 방식으로 글을 쓸 수 있다.

구분	듣기	말하기	읽기	쓰기
총괄목표	사회 전반에 대한 소재와 자신의 업무와 학업과 관련된 담화에 참여할 수 있으며, 사회적이거나 일부 전문적인 내용의 글을 읽거나 쓸 수 있다. 업무 보고, 협의, 체계적인 정보 전달, 의견이나 주장에 대한 이해와 표현 등의 의사소통 기능을 수행할 수 있다.			
목표	사회 전반에 대한 소재와 자신의 업무나 학업과 관련한 담화를 이해할 수 있으며, 업무 보고, 협의 등의 의사소통 기능을 수행할 수 있다.	사회 전반에 대한 소재와 자신의 업무나 학업에 필요한 발화를 할 수 있으며, 업무 보고, 협의 등의 의사소통 기능을 수행할 수 있다.	사회적이거나 일부 전문적인 내용의 글을 이해할 수 있으며, 의견이나 주장에 대한 이해와 공유 등의 의사소통 기능을 수행할 수 있다.	사회적이거나 일부 전문적인 소재의 글을 쓸 수 있으며, 체계적으로 정보를 전달하거나 자신의 견해를 밝히는 의사소통 기능을 수행할 수 있다.
성취기준	1. 사회적·주상적 소재나 자신의 전문 분야에 대한 담화를 이해할 수 있다. 2. 일부 전문적이고 격식적인 상황에서 이루어지는 담화를 이해할 수 있다. 3. 발화의 주요 내용 및 세부 내용을 이해하고 드러나지 않은 화자의 의도를 파악할 수 있다. 4. 다양한 서사 구조의 영화, 다큐멘터리, 교양 프로그램 등을 이해할 수 있다. 5. 업무와 학업에 필요한 어휘와 표현을 알고, 발화자의 의도에 따라 발음, 억양, 속도 등이 달라지는 모국어 화자의 발화를 이해할 수 있다.	1. 사회적·주상적 소재나 자신의 전문 분야에 대해 말할 수 있다. 2. 일부 전문적이고 격식적인 상황에서 적절한 발화를 할 수 있다. 3. 자신의 생각과 의견을 유창하게 말할 수 있다. 4. 보고나 사실 전달을 위한 프레젠테이션을 수행하거나 회의에 참여할 수 있다. 5. 업무나 학업에 필요한 어휘와 표현을 사용하여 유창한 발음과 억양으로 말할 수 있다.	1. 사회 전반에 대한 주제나 자신의 전문 분야에 관련된 글을 읽고 이해할 수 있다. 2. 업무나 학업 맥락에서 사용되는 격식적인 글을 읽고 이해할 수 있다. 3. 글의 논리적 흐름을 파악하고 해심 내용과 세부 내용을 구분하여 이해할 수 있다. 4. 복잡한 구조의 논설문, 길이가 짧고 전개 구조가 단순한 문학작품을 읽을 수 있다. 5. 문단에서 활용된 정의, 인용, 부연, 분석 등 다양한 전개 방식을 파악하여 글을 이해할 수 있다.	1. 사회 전반에 대한 소재나 자신의 전문 분야와 관련된 글을 쓸 수 있다. 2. 업무나 학업 맥락에서 필요한 격식적인 글을 쓸 수 있다. 3. 내용의 통일성과 응집성을 고려하여 짜임새 있는 글을 쓸 수 있다. 4. 논리적 구조와 기본적인 형식을 갖춘 짧은 분량의 보고서를 쓸 수 있다. 5. 자신의 업무나 학업에 필요한 어휘와 표현을 사용하고 다양한 방식을 활용하여 전개 방식을 활용하여 글을 쓸 수 있다.

5급

구분	듣기	말하기	읽기	쓰기
총괄 목표	전문적이거나 학술적인 영역에서 이루어지는 담화에 참여할 수 있으며 사회·문화적인 특수성이 드러나는 소재의 글이나 학술적인 소재의 글을 읽거나 쓸 수 있다. 설득이나 권고, 의견이나 주장에 대한 논리적이고 효과적인 이해와 표현 등의 의사소통 기능을 수행할 수 있다			
목표	전문적이거나 학술적인 영역의 담화를 이해할 수 있으며, 설득이나 권고 등의 의사소통 기능을 수행할 수 있다.	전문적이거나 학술적인 영역에서 필요한 발화를 할 수 있으며, 설득이나 권고 등의 의사소통 기능을 수행할 수 있다.	전문적이거나 학술적인 소재의 글을 이해할 수 있으며, 필자의 의견을 논리적으로 이해하고 판단하는 등의 의사소통 기능을 수행할 수 있다.	전문적이거나 학술적인 소재의 글을 쓸 수 있으며, 논리적이고 효과적으로 자신의 의견을 제시하는 등의 의사소통 기능을 수행할 수 있다.
성취 기준 (6급)	1. 자신이 종사하는 전문 분야에 등장하는 대부분의 소재를 다룬 담화를 이해할 수 있다. 2. 대부분의 전문적 상황에서 이루어지는 격식적인 담화를 이해할 수 있다. 3. 발화의 논리적 흐름과 인과 관계를 분석하고 내용을 추론하며 의미를 파악할 수 있다. 4. 복잡한 논리 구조의 대담과 강연, 토론 등을 이해할 수 있다. 5. 전문적이고 학술적인 표현을 알고, 발음, 억양, 속도 등에서 개인적 특성이 드러나는 모국어 화자의 발화를 이해할 수 있다.	1. 자신이 종사하는 전문 분야에 등장하는 대부분의 소재에 대해 말할 수 있다. 2. 대부분의 전문적 상황에서 격식에 맞는 발화를 할 수 있다. 3. 타당한 근거를 들어 논리적으로 자신의 의견을 말할 수 있다. 4. 의견의 교환이 활발한 토론이나 토의에 참여할 수 있다. 5. 전문적이고 학술적인 표현을 사용하여 역할에 따라 발음과 억양을 조절하며 유창하고 정확하게 말할 수 있다.	1. 사회·문화적 특수성이 드러나는 소재나 전문 분야의 글을 읽고 이해할 수 있다. 2. 전문적이거나 학술적인 상황에서 사용되는 격식적인 글을 읽고 이해할 수 있다. 3. 글의 논리적 의미 관계를 파악하고 필자의 의도를 추론하여 글을 이해할 수 있다. 4. 평론, 보고서, 논문 등의 논리 구조와 형식을 갖춘 복잡하지 않은 구조의 문학 작품을 읽을 수 있다. 5. 비유나 함축과 같은 문학적 표현이나 다양한 수사법에 대한 이해를 바탕으로 글을 이해할 수 있다.	1. 사회·문화적 특수성이 드러나는 소재의 글이나 전문 분야의 글을 쓸 수 있다. 2. 전문적이거나 학술적인 격식에 사용되는 격식적인 글을 쓸 수 있다. 3. 예상 독자를 고려하며 목적에 부합하는 글을 쓸 수 있다. 4. 타당한 근거를 들어 논리적이고 형식적으로 완결성을 갖춘 평론, 논문 등을 쓸 수 있다. 5. 전문적인 어휘와 표현을 사용하고 다양한 수사법을 활용하여 글을 쓸 수 있다.

부록 한국어 표준 교육과정

부록 2 국제 통용 한국어 표준 문법 목록

『국제 통용 한국어 표준 교육과정 적용 연구』, 국립국어원(2017)

1급

범주	대표형	관련형	의미
조사	이	가	
	과	와	
	까지		부터/까지
	께서		
	은1	는1, ㄴ1	대조
	도		
	을1	를, ㄹ1	
	이랑	랑	
	으로	로	
	부터	에서부터(서부터)	
	에	다가, 에다가(에다)	
	에게	에게로, 에게서	
	에서	서2	
	의		
	하고		
	만		단독
	이다		지정사
	한테		
	보다		
선어말어미	-겠-		
	-었-	-았-, -였-	
	-으시-	-시-	
연결어미	-고3		나열
	-으니까	-니까	
	-으러	-러	
	-어서	-아서, -여서, -어2, -아2, -여1, -라서, -라4	
	-지만		
	-으려고1	-려고1, -으려, -려	의도

범주	대표형	관련형	의미
종결어미	–습니까	–ㅂ니까	
	–습니다	–ㅂ니다	
	–읍시다	–ㅂ시다	
	–으세요	–세요, –으셔요, –셔요, –으시어요, –시어요	
	–으십시오	–십시오	
	–고4	–고요	덧붙여 서술
	–을까	–ㄹ까, 을까요, –ㄹ까요	
	–어2	–아2, –여2, –야3, –어요, –아요, –여요, –에요	
표현	이 아니다	가 아니다	
	–고 싶다		
	–고 있다		
	–어야 되다	–아야 되다, –여야 되다, 〈유의〉–어야 하다, –아야 하다, –어야 하다	
	–지 않다		
	–을 수 있다	–ㄹ 수 있다, 〈반의〉–ㄹ 수 없다, –을 수 없다	
	–지 못하다		
	–기 전에	–기 전	
	–은 후에	–은 후, –ㄴ 후, 〈유의〉–은 뒤에, –ㄴ 뒤에, –은 뒤, –ㄴ 뒤	

2급

범주	대표형	관련형	의미
조사	께		
	마다		
	밖에		
	처럼		
	에서부터(서부터)		
	에다가	에다	
	에게로		
	에게서		
	한테서		
	이나	나1	

범주	대표형	관련형	의미
전성어미	-기		명사형
	-는2	-은3, -ㄴ3	관형사형(현재)
	-은2	-ㄴ4	관형사형(과거)
	-을2	-ㄹ2	관형사형
	-은3		
	-음	-ㅁ	명사형
연결어미	-거나		
	-는데1	-은데1, -ㄴ데1	대립, 배경
	-으면	-면	가정
	-으면서	-면서	
	-게2		목적
	-다가1(1)	-다5, -다가도	중단
종결어미	-는군	-군, -는군요, -군요	
	-을게	-ㄹ게, 을게요, -ㄹ게요	
	-지	-지요(-죠)	서술, 물음, 명령, 요청
	-는데2	-ㄴ데2, -은데2, -는데요, -ㄴ데요, -은데요	감탄
	-네	-네요	감탄
	-을래	-을래요, -ㄹ래요	
표현	-게 되다		
	-기 때문에	-기 때문이다	
	-기로 하다		
	-는 것 같다	-ㄴ 것 같다, -은 것 같다, -ㄹ 것 같다, -을 것 같다	
	-은 지2	-ㄴ 지2	
	-는 것	-은 것, -ㄴ 것, -을 것2, -ㄹ 것2	
	-는 동안에	-는 동안	
	-은 적이 있다	-ㄴ 적이 있다, -는 적이 있다, 〈반의〉-은 적이 없다, -ㄴ 적이 없다, -는 적이 없다	
	-을 것1	-ㄹ 것1	명령/지시
	-을 때	-ㄹ 때	
	-을까 보다	-ㄹ까 보다	
	-어 보다	-아 보다, -여 보다	
	-어 있다	-아 있다, -여 있다	
	-어 주다	-아 주다, -여 주다	

범주	대표형	관련형	의미
표현	-어도 되다	-아도 되다, -여도 되다	
	-지 말다		
	-을 수밖에 없다	-ㄹ 수밖에 없다	

3급

범주	대표형	관련형	의미
조사	같이		
	이고	고1	모두 포함
	대로		
	으로부터		
	만큼	〈유의〉 만치	
	보고		
	뿐		
	아1	야1	호격
	요1		존대
	이라고1	라고1, 라3, 이라	직접 인용
전성어미	-던		관형사형
선어말어미	-었었-	-았었-, -였었-	
연결어미	-거든1	-거들랑	조건
	-는다거나1	-ㄴ다거나1, -다거나1, -라거나1	나열
	-는다고1	-다고1, -라고3, -으라고1, -자고1	이유
	-으나	-나4	대립
	-느라고	-느라	
	-도록		
	-어다가	-아다가, -여다가, -어다, -아다, -여다	
	-어도	-아도, -여도, -라도2, 이라도	
	-어야	-아야, -여야, -어야만, -아야만, -여야만	
	-어야지1	-아야지1, -여야지1	필수 조건
	-었더니	-았더니, -였더니	

범주	대표형	관련형	의미
연결어미	−자마자	−자2	
	−다가1(2)	−다5, 다가도	중단
	−으니2	−니4	이유
	−으려면	−려면	
종결어미	−거든2	−거든요	이유
	−는구나	−구나	
	−는다	−ㄴ다, −다2	
	−던데2	−던데요	감탄
	−잖아	−잖아요	
	−자3		청유
	−니2	−으니5	의문
표현	−게 하다	〈유의〉−게 만들다, −도록 하다	
	−고 나다		
	−고 말다		
	−고 싶어 하다		
	−은 결과	−ㄴ 결과	
	−은 다음에	−ㄴ 다음에	
	−는 대신에	−ㄴ 대신에, −은 대신에	
	−는 만큼	−ㄴ 만큼, −은 만큼, −ㄹ 만큼, −을 만큼	
	−는 반면	−ㄴ 반면에, −은 반면에	
	−나 보다		
	−을 텐데	−ㄹ 텐데, −을 텐데요, −ㄹ 텐데요	
	−기 위해	−기 위해서, −기 위한, 을 위해, 를 위해	
	만 아니면		
	−으면 안 되다	−면 안 되다, 〈반의〉−으면 되다, −면 되다	
	−으면 좋겠다	−면 좋겠다	
	−어 가다	−아 가다, −여 가다	
	−어 가지고	−아 가지고, −여 가지고	
	−어 놓다	−아 놓다, −여 놓다	

범주	대표형	관련형	의미
표현	-어 두다	-아 두다, -여 두다	
	-어 드리다	-아 드리다, -여 드리다	
	-어야겠-	-아야겠-, -여야겠-	
	-어지다	-아지다, -여지다	
	에 대하여	에 대해, 에 대해서, 에 대한	
	-을 테니	-ㄹ 테니, -을 테니까, -ㄹ 테니까	
	-어 오다	-아 오다, -여 오다	
	-기는	-긴, -기는요, -긴요	
	-는 모양이다	-ㄴ 모양이다, -은 모양이다	
	-는 편이다	-는 편이다	
	-는가 보다	-는가 보다	
	-는 중이다		
	-으려다가	-려다가, -으려다, -려다	
	-어 보이다	-아 보이다, -여 보이다	
	-는다고3	-ㄴ다고3, -다고3, -라고5, -느냐고2, -냐고2, -으냐고2, -자고3, -으라고3, -라고8	인용

4급

범주	대표형	관련형	의미
조사	커녕	ㄴ커녕, 는커녕, 은커녕	
	이나마	나마	
	이며	며, 이니, 니1, 하며, 하고, 이다2	나열
	이든	든1, 이든지, 든지1, 이든가, 든가1	선택
	이란	란1	정의
	이면	면1	지정
	이야	야2	강조
	치고		
	까지2		마저
	이라도	라도1	차선

범주	대표형	관련형	의미
조사	으로서	로서	
	으로써	로써	
	마저		
연결어미	-거니와		
	-고도		
	-고자		
	-기에		
	-는지	-ㄴ지1, -은지1, -을지	의문
	-다시피		
	-더라도		
	-든지2	-든2, 〈유의〉 -든가2	선택
	-으므로	-므로	
	-을래야	-ㄹ래야	
	-고서	-고서는, -고서야	
	-는다면1	-ㄴ다면1, -다면1, -라면1	조건
	-더니		
	-던데1		대립, 배경
	-듯이		
	-을수록	-ㄹ수록	
	-으며	-며2	나열/동시
종결어미	-는다니2	-ㄴ다니2, -다니3, -라니3	의문
	-더군	-더군요	
	-더라		
	-어라1	-아라1, -여라1	명령
	-게5	-게요1	의문
	-는다면서1	-ㄴ다면서1, -다면서1, -라면서1, -는다면서요, -다면서요, -라면서요	의문
	-나3	-나요	의문
	-을걸	-ㄹ걸, -을걸요, -ㄹ걸요	
	-어야지2	-아야지2, -여야지2, -어야지요, -아야지요, -여야지요	
	-고4	-고요	덧붙여 질문
	-다니1	-다니요, -라니1, -라니요1	

범주	대표형	관련형	의미
표현	−을 따름이다	−ㄹ 따름이다, 〈유의〉−을 뿐이다, −ㄹ 뿐이다	
	−고 들다		
	−고 보다		
	−고 해서		
	−는 김에	−ㄴ 김에, −은 김에	
	−는 대로	−ㄴ 대로1, −ㄴ 대로2, −은 대로1, −은 대로2	
	−는 사이에	−는 사이	
	−는 듯	−ㄴ 듯, 은 듯 −ㄹ 듯, −을 듯	
	−는 줄	−ㄴ 줄, −은 줄, ㄹ 줄, −을 줄	
	−는 탓에	−ㄴ 탓에, −은 탓에, 〈반의〉−는 덕분에	
	−는다거나2	−ㄴ다거나2, −다거나2, −라거나2	선택
	−나 싶다		
	−는 바람에		
	−는 한		
	으로 인하여	로 인하여, 으로 인해, 로 인해	
	만 같아도		
	−어 대다	−아 대다, −여 대다	
	−어서인지	−아서인지, −여서인지	
	에 따라	에 따르면	
	에 비하여	에 비하면	
	에 의하여	에 의하면	
	−어 버리다	−아 버리다, −여 버리다	
	−을 모양이다	−ㄹ 모양이다	
	−을 뻔하다	−ㄹ 뻔하다	
	−는대2	−ㄴ대2, −는대요2, −대2, −대요2, −래2, −래요2, −으래2, −으래요2, −래4, −재, −재요	인용
	−는 통에		

5급

범주	대표형	관련형	의미
조사	이라든가	라든가1, 이라든지, 라든지1	선택
	따라		
	조차		
연결어미	-지1		대조
	-을뿐더러	-ㄹ뿐더러	
	-고는	-곤, -고는 하다, -곤 하다	
	-길래		
	-다가는	-다간, -단1	
	-을지라도	-ㄹ지라도	
	-느니1	-느니보다, -느니보다는	비교
종결어미	-네2		감탄
	-다4		서술(신문)
	-다니1	-다니요, -라니1, -라니요1, -으라니1, -으라니요	감탄
	으려고2	려고2, 려고요, 으려고요	의심
	-거라		
	-고말고	-고말고요	
	-는가1	-ㄴ가1, -은가1	의문
	-는걸	-ㄴ걸, -은걸, -ㄴ걸요, -는걸요, -은걸요	
	-데	-데요	
	-더라고	-더라고요	
표현	-는다니1	-다니2, -라니5, -으라니2, -자니2	명령 내용 질문
	-었던	-았던, -였던	
	에 관하여	에 관한	
	-자기에		
	-게 마련이다	-기 마련이다	
	-게 생겼다		
	-기 나름이다	-을 나름이다	
	-기가 바쁘게	〈유의〉-기가 무섭게	
	-기가 쉽다	〈유의〉-기 십상이다	
	-기만 하다		

범주	대표형	관련형	의미
표현	-기에 따라		
	-기에 앞서(서)		
	-은 나머지	-ㄴ 나머지	
	-는 데다가	-ㄴ 데다가1, -은 데다가2, -ㄴ 데다가2, -은 데다가1	
	-는 동시에	-ㄴ 동시에	
	-는 듯하다	-ㄴ 듯하다, -은 듯하다, -ㄹ 듯하다, -을 듯하다	
	-는 법이다	-ㄴ 법이다, -은 법이다	
	-는 이상	-ㄴ 이상, -은 이상	
	-은 채로	-ㄴ 채로	
	-는 척하다	-ㄴ 척하다, -은 척하다, 〈유의〉-는 체하다, -은 체하다	
	-는 가운데	-은 가운데	
	는 말할 것도 없고	은 말할 것도 없고, 〈유의〉는 고사하고, 은 고사하고	
	-을 만하다	-ㄹ 만하다	
	-을 법하다	-ㄹ 법하다	
	-을 테다	-ㄹ 테다	
	-을 테면	-ㄹ 테면	
	-을 테지만	-ㄹ 테지만	
	-으려나 보다	-려나 보다	
	를 가지고	을 가지고	
	-으면 몰라도	-면 몰라도	
	에도 불구하고		
	-는데도	-ㄴ데도, -은데도	
	-어 내다	-아 내다, -여 내다	
	-는다기에	-ㄴ다기에, -다기에, -라기에1	이유
	-는다는 것이	-ㄴ다는 것이	
	-는데도 불구하고	-ㄴ데도 불구하고, -은데도 불구하고	

6급

범주	대표형	관련형	의미
조사	마는	만2	상반
	깨나		
	이라고2	라고2	보잘것없음
	을랑		
	이라면	라면1	강조
연결어미	-거들랑1	-걸랑1	
	-노라면		
	-건대		
	-건만	-건마는	
	-기로서니		
	-느니만큼	-니만큼, -으니만큼, 〈유의〉-느니만치, 니만치, -으니만치	
	-되	-으되, -로되	
	-디1		강조
	-이라야	-라야, -이라야만, -라야만	
	-으련마는	-련마는, -으련만, -련만	
	-자니3	-자2, -자니까3	의도
	-는다고1	-다고1, -라고3, 으라고1, -자고1	의도
	-자면1		의도
	-은들	-ㄴ들2, 인들	양보
	-을망정,	-ㄹ망정 〈유의〉-ㄹ지언정, -을지언정	
	-을라치면	-ㄹ라치면	
종결어미	-는구려	-구려1	감탄
	-는구먼	-구먼, -구먼요, -는구먼요	
	-그려		
	-으리라	-리라	
	-으오	-오	
	-으니4		비난
	-거들랑2	-걸랑2	이유
	-게3		명령

범주	대표형	관련형	의미
종결어미	-게4		환기
	-구려2		명령
	-네1		서술
	-는구만	-구만	
	-는가2	-ㄴ가2, -은가2	문제 제기
	-나3	-나요	의문
	-던2		의문
	-던가1		의문(경험)
	-던가2		의문(추측)
	-라2		서술
	-으리오	-리오	
	-소		
표현	-기 일쑤이다		
	-기 짝이 없다		
	는 마당에	-ㄴ 마당에, -은 마당에	
	-는 한이 있어도	-는 한이 있더라도	
	-을 바에	-ㄹ 바에	
	-으려도	-려도	
	-으리라는	-리라는	
	를 막론하고	을 막론하고, 〈유의〉 를 불문하고, 을 불문하고	
	-어 치우다	-아 치우다, -여 치우다	
	-는다는	-ㄴ다는, -는단, -다는, -단2, -라는1, -란2	
	이라고는	라고는, 이라곤, 라곤,	
	-는다던가1	-다던가1, -라던가1	명령 확인 질문
	-으래서야	-래서야2	의문 제기
	-으리라고	-리라고	
	-자면2		권유

부록 3 주요 대학 한국어교육 기관 교재 문법 목록

> 경희 〈경희 한국어〉(문법) 1~6   서강 〈서강 한국어〉 1~5
> 고려 〈재미있는 한국어〉, 1~6   서울 〈서울대 한국어〉 1~6

전체번호	등급	분류	대표형	관련형	의미
1	1급	조사	이	가	
2	1급	조사	과	와	
3	1급	조사	까지		부터/까지
4	1급	조사	께서		
5	1급	조사	은1	는1, ㄴ1	대조
6	1급	조사	도		
7	1급	조사	을1	를, ㄹ1	
8	1급	조사	이랑	랑	
9	1급	조사	으로	로	
10	1급	조사	부터	에서부터(서부터)	
11	1급	조사	에	다가, 에다가(에다)	
12	1급	조사	에게	에게로, 에게서	
13	1급	조사	에서	서2	
14	1급	조사	의		
15	1급	조사	하고		
16	1급	조사	만		단독
17	1급	조사	이다		지정사
18	1급	조사	한테		
19	1급	조사	보다		
20	1급	선어말어미	-겠-		
21	1급	선어말어미	-었-	-았-, -였-	
22	1급	선어말어미	-으시-	-시-	
23	1급	연결어미	-고3		나열
24	1급	연결어미	-으니까	-니까	
25	1급	연결어미	-으러	-러	
26	1급	연결어미	-어서	-아서, -여서, -어2, -아2, -여1, -라서, -라4	

동국	〈함께 배워요 한국어〉, 1~6	이화	〈이화 한국어〉 1~6
세종	〈세종한국어〉 1~8	한국외	〈외국인을 위한 한국어〉 1~6
연세	〈연세 한국어〉 1~6		

경희	고려	동국	서강	서울	세종	연세	이화	한국외
1	1	1A	1A	1A	1	1	1-1	1-1
1	1			1A		1	1-1	
1	1	1A	1A	1B	2	1	1-1	
1	1							
1	1			1A	4	1	1-1	1-1
1		1A	1A, 2B	1A		1	1-1	1-1
1	1			1A	1	1	1-1	1-1
								2-2
1	1	1A	1A, 5A	1B, 2A	2, 4, 8	1	1-1	1-2, 2-2
1						1	1-1	
1	1	1A	1A	1A	1	1	1-1	1-1
1					3	1	1-2	1-1
1	1	1A	1A	1A	1	1	1-1	1-1
2	1				2	2	1-2	
1	1	1A	1B	1A	1	1	1-1	
1				1B		1	1-1	4
								1-1
1		1A		1B			1-2	1-1
1	1	1B	1B	2A	2	1	1-2	1-2
1, 2	2	3A	2B	2A	3, 5	1	1-2	2-1
1	1			1A		1	1-1	1-1
	1			1B	2	1	1-1	1-2
1	1	1A	1B	1A		1	1-2	1-2
1	2	2A	2A	2A	3, 5	2	2-1	2-1, 2-2
2	1	1A		1B		1		1-1
1	1	1B	1B, 2A, 5A	1B	1, 2, 5	1	1-2	1-2, 2-1

부록 주요 대학 한국어교육 기관 교재 문법 목록

전체 번호	등급	분류	대표형	관련형	의미
27	1급	연결어미	-지만		
28	1급	연결어미	-으려고1	-려고1, 으려, 려	의도
29	1급	종결어미	-습니까	-ㅂ니까	
30	1급	종결어미	-습니다	-ㅂ니다	
31	1급	종결어미	-읍시다	-ㅂ시다	
32	1급	종결어미	-으세요	-세요, -으셔요, -셔요, -으시어요, -시어요	
33	1급	종결어미	-고4	-고요	덧붙여 서술
34	1급	종결어미	-으십시오	-십시오	
35	1급	종결어미	-을까	-ㄹ까, 을까요, -ㄹ까요	
36	1급	종결어미	-어2	-아2, -여2, -야3, -어요, -아요, -여요, -에요	
37	1급	표현	이 아니다	가 아니다	
38	1급	표현	-고 싶다		
39	1급	표현	-고 있다		
40	1급	표현	-어야 되다	-아야 되다, -여야 되다	
41	1급	표현	-지 않다		
42	1급	표현	-을 수 있다	-ㄹ 수 있다	
43	1급	표현	-기 전에	-기 전	
44	1급	표현	-지 못하다		
45	1급	표현	-은 후에	-은 후, -ㄴ 후	
46	2급	조사	께		
47	2급	조사	마다		
48	2급	조사	밖에		
49	2급	조사	처럼		
50	2급	조사	에게서		
51	2급	조사	에다가	에다	
52	2급	조사	한테서		
53	2급	조사	이나	나1	
54	2급	연결어미	-거나		
55	2급	연결어미	-는데1	-은데1, -ㄴ데1	대립, 배경
56	2급	연결어미	-으면	-면	가정

경희	고려	동국	서강	서울	세종	연세	이화	한국외
1	2			1A	2	1	2-1	1-2
2	2	2A	1B, 2A	1B	2	1	2-1	1-2
1	1	2A	2B	1A		1	1-1	1-1
1	1	2A	2B	1A	1	1	1-1	1-1
1	1	2A	2A	1A		1	1-2	2-1
1	1	1A	1A, 1B	1A	1	1	1-1	1-2
		1A		1A		3	1-2	
1	1	2A				1	1-2	
1	1	1A	1B, 2A	1A	1, 5	1	1-2	1-2
1	1	1A		1A	1, 5		1-1	1-1
1	2	2A	2A		3	1	1-1	1-1
1	1	1A	1A	1B	2	1	1-2	1-2
2	2	1A	2A	1B, 3B	2, 3	1	1-2	2-1
2	1		1B, 5A	1B	2		1-2	
1	2		1B	2A		1	1-2	1-1
1	2	1A	1B	1B	3	1	1-2	1-2
2	1	2A	2A	2B	3	1	1-2	1-2
1	3				6	1		
2	1			2B	2	1	1-2	1-2
	1			1B	5			
2	2			2B	3		2-2	
3		2B		2A	4	2	2-2	2-2
2	2	2B		2B	5	2	2-2	
1						1		1-1
3	4					2		3
1			1B			1	1-2	1-1
2	2	4A		2A, 3A	3	1	1-2	2-2
2	2	1B	1B	2A	3	2	2-2	2-1
2	2	1B	2B, 3A, 3B	2A	4	1	2-1	2-1
2	2	1B	2A	1B	2	1	1-2	1-2

부록 주요 대학 한국어교육 기관 교재 문법 목록

전체 번호	등급	분류	대표형	관련형	의미
57	2급	연결어미	-으면서	-면서	
58	2급	연결어미	-게2		목적
59	2급	연결어미	-다가1(1)	-다5, 다가도	중단
60	2급	전성어미	-기		명사형
61	2급	전성어미	-는2	-은3, -ㄴ3	관형사형(현재)
62	2급	전성어미	-은2	-ㄴ4	관형사형(과거)
63	2급	전성어미	-을2	-ㄹ2	관형사형
64	2급	전성어미	-은3		
65	2급	전성어미	-음	-ㅁ	명사형
66	2급	종결어미	-는군	-군, -는군요, -군요	
67	2급	종결어미	-을게	-ㄹ게, 을게요, -ㄹ게요	
68	2급	종결어미	-지	-지요(-죠)	서술, 물음, 명령, 요청
69	2급	종결어미	-는데2	-ㄴ데2, -은데2, -는데요, -ㄴ데요, -은데요	감탄
70	2급	종결어미	-네	-네요	감탄
71	2급	종결어미	-을래	-을래요, -ㄹ래요	
72	2급	표현	-게 되다		
73	2급	표현	-기 때문에	-기 때문이다	
74	2급	표현	-기로 하다		
75	2급	표현	-는 것 같다	-ㄴ 것 같다, -은 것 같다, -ㄹ 것 같다, -을 것 같다	
76	2급	표현	-은 지2	-ㄴ 지2	
77	2급	표현	-는 것	-은 것, -ㄴ 것, -을 것2, -ㄹ 것2	
78	2급	표현	-는 동안에	-는 동안	
79	2급	표현	-은 적이 있다	-ㄴ 적이 있다, -는 적이 있다	
80	2급	표현	-을 것1	-ㄹ 것1	명령/지시
81	2급	표현	-을 때	-ㄹ 때	
82	2급	표현	-어 보다	-아 보다, -여 보다	
83	2급	표현	-을까 보다	-ㄹ까 보다	
84	2급	표현	-어 있다	-아 있다, -여 있다	

경희	고려	동국	서강	서울	세종	연세	이화	한국외
2	2	1B	3A	1B	4	2	2–2	2–1
3	3	3A	3B	2B		2	3–1	1–2
2	3		2A	2A	5	2	2–2	2–2
	3	3A	4A	2B				
2	2	1B	1B, 2B	1B	3, 5	1	1–2	2–1
2	2	2A	2B	2A	2, 3	1		2–1
2	2	2A	3A	2A		1		2–1
2	2		1B	1B		1		1–2
6	4	4A		4A				5
		4B	4B			1	2–1	2–2
2	1	2A		1B	2	1	1–2	2–1
1	1	1B	4B	1B	2	1	1–2	2–2
2		2B	2A	2A	5	1	2–2	
2	2	2A	3B	1A	3	3		1–2
2	1		3B	2B	2	2	2–1	2–1
3	2	2B	2B, 4A	2B	4	2	2–2	2–1
3	2	3A	3A	2B	3	2	2–1	2–2
2	2	2B	2A, 2B	2B	3	2	2–1	2–2
2	2	2A	2B	2A	3	1	2–1	2–1
3	2	2B	3A	2B	4	2	2–1	2–1
2	1		2A	2A	3, 6			3
		2A		3A	4	2	2–1	2–1
2	2	2B	2B	2B	4	2	2–1	2–1
2								
2	2		2A	2A	2		2–1	1–2
2	1	1B	1B	2A	2	2	1–2	1–2
4			4A			3		3
4		3B	3B, 4B	2B	3		3–2	2–1

부록 주요 대학 한국어교육 기관 교재 문법 목록

전체 번호	등급	분류	대표형	관련형	의미
85	2급	표현	-어 주다	-아 주다, -여 주다	
86	2급	표현	-어도 되다	-아도 되다, -여도 되다	
87	2급	표현	-지 말다		
88	2급	표현	-을 수밖에 없다	-ㄹ 수밖에 없다	
89	3급	조사	같이		
90	3급	조사	대로		
91	3급	조사	으로부터		
92	3급	조사	이고	고1	모두 포함
93	3급	조사	만큼		
94	3급	조사	뿐		
95	3급	조사	아1	야1	호격
96	3급	조사	요1		존대
97	3급	조사	이라고1	라고1, 라3, 이라	직접 인용
98	3급	선어말어미	-었었-	-았었-, -였었-	
99	3급	연결어미	-거든1	거들랑	조건
100	3급	연결어미	-는다고1	-다고1, -라고3, -으라고1, -자고1	이유
101	3급	연결어미	-느라고	-느라	
102	3급	연결어미	-으나	-나4	대립
103	3급	연결어미	-도록		
104	3급	연결어미	-어다가	-아다가, -여다가, -어다, -아다, -여다	
105	3급	연결어미	-어도	-아도, -여도, -라도2, 이라도	
106	3급	연결어미	-어야	-아야, -여야, -어야만, -아야만, -여야만	
107	3급	연결어미	-어야지1	-아야지1, -여야지1	필수 조건
108	3급	연결어미	-었더니	-았더니, -였더니	
109	3급	연결어미	-자마자	-자2	
110	3급	연결어미	-다가1(2)	-다5, 다가도	중단
111	3급	연결어미	-으니2	-니4	이유
112	3급	연결어미	-으려면	-려면	
113	3급	전성어미	-던		관형사형

경희	고려	동국	서강	서울	세종	연세	이화	한국외
1	2	1B	1B	1A	2, 5		1-2	1-2
2	1	2A	2A	2B	3	2	1-2	2-1
1	1		1A		2	1		1-2
4		3B	5A	4A			3-2	3
				2B	4			
						2		
			5A	4B				
								1-2
3	2		5B			2	3-1	3
3			5A					
2					5	2		2-2
3								
			5B	2A		2, 3		
3				4B		3	2-2	
4				2A		3	4	4
	3			3A		2		
5	3	3B	3B		6	3	3-2	3
5	4	4B		4B				
4	6	3A		3B	5	3	2-1	5
		3B		4A		2		4
3	3	3A	2B		6, 7	2	3-1	3
4		3B	4B	3B	8	2	3-1	4
						3		
	4	4B	3B	3B	8	4	4	4
3	3	3B	5A	3A		3	2-2	2-2
2	5	2B	3B, 5A	3A	6	2	5	
6								
3	4	2A	3A	2A	4	2	2-1	2-1
3	3	4B	3B	3B	6	2	2-2	3

전체번호	등급	분류	대표형	관련형	의미
114	3급	종결어미	-거든2	-거든요	이유
115	3급	종결어미	-는구나	-구나	
116	3급	종결어미	-는다	-ㄴ다, -다2	
117	3급	종결어미	-던데2	-던데요	감탄
118	3급	종결어미	-잖아	-잖아요	
119	3급	종결어미	-니2	-으니5	의문
120	3급	종결어미	-자3		청유
121	3급	표현	-게 하다		
122	3급	표현	-고 나다		
123	3급	표현	-고 말다		
124	3급	표현	-고 싶어 하다		
125	3급	표현	-는 대신에	-ㄴ 대신에, -은 대신에	
126	3급	표현	-는 만큼	-ㄴ 만큼, -은 만큼, -ㄹ 만큼, -을 만큼	
127	3급	표현	-은 다음에	-ㄴ 다음에	
128	3급	표현	-는 반면	-ㄴ 반면에, -은 반면에	
129	3급	표현	-나 보다		
130	3급	표현	-을 텐데	-ㄹ 텐데, -을 텐데요, -ㄹ 텐데요	
131	3급	표현	-기 위해	-기 위해서, -기 위한, 을 위해, 를 위해	
132	3급	표현	-으면 안 되다	-면 안 되다	
133	3급	표현	-으면 좋겠다	-면 좋겠다	
134	3급	표현	-어 가다	-아 가다, -여 가다	
135	3급	표현	-어 가지고	-아 가지고, -여 가지고	
136	3급	표현	-어 놓다	-아 놓다, -여 놓다	
137	3급	표현	-어 두다	-아 두다, -여 두다	
138	3급	표현	-어 드리다	-아 드리다, -여 드리다	
139	3급	표현	-어야겠-	-아야겠-, -여야겠-	
140	3급	표현	-어지다	-아지다, -여지다	

경희	고려	동국	서강	서울	세종	연세	이화	한국외
3	3	3A		3A	4	3	2-1	2-2
2					8	1		
				2A		2		
3	3		3A	3A		3	3-1	3
3	3	3B	4A	3B	4	3	2-2	3
2					5	2		
2					5	2		2-2
	3	3B	5A	3B	5, 6	3	3-1	4
3			3B		4	3		2-2
4			5A	3B		3		4
				1B		1		
		3B			7		2-2	
5	5	4B		5B		5	6	
		2A	2A					
5		4A	5A	4A			2-1	
3	3	3B	3B	3A		2	3-2	3
4	3	4A	3A	3A	8	3	3-1	3
2	3	3B		3A	4	2	2-1	2-2
2	1		2A, 3A, 4A	2B	3, 5	2	1-2	2-1
2	2	2B	3A	2A	8	2	3-2	
2	4				8			
3						2		2-1
3	3	4A		2B	6	3	3-2	3
3		4B		5B	6		4	
		1A		2A	5			
		3A		3A			2-2	
3	2			2B	2B	3, 8	2	2-2	2-1

전체번호	등급	분류	대표형	관련형	의미
141	3급	표현	에 대하여	에 대해, 에 대해서, 에 대한	
142	3급	표현	-을 테니	-ㄹ 테니, -을 테니까, -ㄹ 테니까	
143	3급	표현	-기는	-긴, -기는요, -긴요	
144	3급	표현	-어 오다	-아 오다, -여 오다	
145	3급	표현	-는 모양이다	-ㄴ 모양이다, -은 모양이다	
146	3급	표현	-는 편이다	-는 편이다	
147	3급	표현	-는 중이다		
148	3급	표현	-는가 보다	-는가 보다	
149	3급	표현	-으려다가	-려다가, -으려다, 려다	
150	3급	표현	-어 보이다	-아보이다, -여 보이다	
151	3급	표현	-는다고3	-ㄴ다고3, -다고3, -라고5, -느냐고2, -냐고2, -으냐고2, -자고3, -으라고3, -라고8	
152	4급	조사	커녕	ㄴ커녕, 는커녕, 은커녕	
153	4급	조사	이나마	나마	
154	4급	조사	이며	며, 이니, 니1, 하며, 하고, 이다2	나열
155	4급	조사	이든	든1, 이든지, 든지1, 이든가, 든가1	선택
156	4급	조사	이란	란1	정의
157	4급	조사	이면	면1	지정
158	4급	조사	이야	야2	강조
159	4급	조사	치고		
160	4급	조사	까지2		마저
161	4급	조사	이라도	라도1	차선
162	4급	조사	으로서	로서	
163	4급	조사	으로써	로써	
164	4급	조사	마저		
165	4급	연결어미	-거니와		

경희	고려	동국	서강	서울	세종	연세	이화	한국외
2	3	2B		3A			2-1	2-2
	2	2B	3A	2B	8	2	3-2	4
4	2	3A	3A	4A	4	3		3
3	4	5	5A				3-2	
4				3B		3		3
3		2B	3A	2B	4	3	3-2	2-2
2				2A	7		2-1	
	3							
3	3	4A		4B			3-2	
3	3			2B	4	2	3-1	2-2
3		3A	2A, 2B	3A				2-2
4	4	5	5A	4A		5	4	4
				5A			5	4
3				4B	7	4		
4	4		5A	4A		4	3-1	4
6	4	4B						
		4B		4B				
6	6							5
5	4	4B	5B	4B			4	4
4	3							
3	3	3A		3A		3	3-1	2-2
		4B	5A	4B	7			6
	5		5B	5A		5	5	
4	4			4B				4
6	6							5

전체번호	등급	분류	대표형	관련형	의미
166	4급	연결어미	-고도		
167	4급	연결어미	-고자		
168	4급	연결어미	-기에		
169	4급	연결어미	-는지	-ㄴ지1, -은지1, -을지	의문
170	4급	연결어미	-다시피		
171	4급	연결어미	-더라도		
172	4급	연결어미	-든지2	-든2	선택
173	4급	연결어미	-으므로	-므로	
174	4급	연결어미	-을래야	-ㄹ래야	
175	4급	연결어미	-고서	-고서는, -고서야	
176	4급	연결어미	-는다면1	-ㄴ다면1, -다면1, -라면1	조건
177	4급	연결어미	-더니		
178	4급	연결어미	-던데1		대립, 배경
179	4급	연결어미	-듯이		
180	4급	연결어미	-을수록	-ㄹ수록	
181	4급	연결어미	-으며	-며2	나열/동시
182	4급	종결어미	-는다니2	-ㄴ다니2, -다니3, -라니3	의문
183	4급	종결어미	-더군	-더군요	
184	4급	종결어미	-더라		
185	4급	종결어미	-어라1	-아라1, -여라1	명령
186	4급	종결어미	-는다면서1	-ㄴ다면서1, -다면서1, -라면서1, -는다면서요, -다면서요, -라면서요	의문
187	4급	종결어미	-나3	-나요	의문
188	4급	종결어미	-을걸	-ㄹ걸, -을걸요, -ㄹ걸요	
189	4급	종결어미	-어야지2	-아야지2, -여야지2, -어야지요, -아야지요, -여야지요	
190	4급	종결어미	-고4	-고요	덧붙여 질문
191	4급	종결어미	-다니1	-다니요, -라니1, -라니요1	
192	4급	표현	-을 따름이다	-ㄹ 따름이다	
193	4급	표현	-고 보다		

경희	고려	동국	서강	서울	세종	연세	이화	한국외
5	6	4B		6B				5
6		4B	5A	5A	7	4		4
6		4B		5A		4		6
3	3		2B	4A	6			
	4		5B	5A	7	5		5
4	4	4B	6(말)	4A	8	5		4
4		3A		4B	7	2		4
3	5	4B		4B				
		6	5	6A				3
	5		6(말)	6A				
5	3	3B	4B	3B	5	3	3-2	4
4	4	4A	5B	4A		4		4
3		3B			6	3		
3	4	5	5A, 5B			4		4
4	3	3A	5B	3B	8	2		3
3	4	4B	5A	4A		4		
					8	3		
3	3			4B	6			
2			5A					
3	3	3B	3A	4A	8	3		4
3		2B		2A		2		
5	3		5B	3A		3		
		3B	4B			3		
					2	3		
3	4			3B		3	3-2	3
3	4			6B		4		5
				4A				

전체번호	등급	분류	대표형	관련형	의미
194	4급	표현	-고 해서		
195	4급	표현	-는 김에	-ㄴ 김에, -은 김에	
196	4급	표현	-는 대로	-ㄴ 대로1, -ㄴ 대로2, -은 대로1, -은 대로2	
197	4급	표현	-는 듯	-ㄴ 듯, 은 듯 -ㄹ 듯, -을 듯	
198	4급	표현	-는 사이에	-는 사이	
199	4급	표현	-는 탓에	-ㄴ 탓에, -은 탓에	
200	4급	표현	-는다거나2	-ㄴ다거나2, -다거나2, -라거나2	선택
201	4급	표현	-나 싶다		
202	4급	표현	-는 바람에		
203	4급	표현	-는 한		
204	4급	표현	으로 인하여	로 인하여, 으로 인해, 로 인해	
205	4급	표현	-어 대다	-아 대다, -여 대다	
206	4급	표현	-어서인지	-아서인지, -여서인지	
207	4급	표현	에 따라	에 따르면	
208	4급	표현	에 비하여	에 비하면	
209	4급	표현	에 의하여	에 의하면	
210	4급	표현	-어 버리다	-아 버리다, -여 버리다	
211	4급	표현	-을 모양이다	-ㄹ 모양이다	
212	4급	표현	-을 뻔하다	-ㄹ 뻔하다	
213	4급	표현	-는대2	-ㄴ대2, -는대요2, -대2, -대요2, -래2, -래요2, -으래2, -으래요2, -래4, -재, -재요	인용
214	4급	표현	-는 통에		
215	5급	조사	따라		
216	5급	조사	이라든가	라든가1, 이라든지, 라든지1	선택
217	5급	조사	조차		
218	5급	연결어미	-지1		대조
219	5급	연결어미	-고는	-곤, -고는 하다, -곤 하다	

경희	고려	동국	서강	서울	세종	연세	이화	한국외
		5		4A		3		
4	4	4A	5A	4B		4		4
3	3	3A		4A	6, 8	2		4
4	3		1B, 3B, 4B	3A	7	2		3
				4B				
5	5			5A		6		3
						6		
	5							
5	3	4A	5B	4A	7	4		4
4	5	4A	6(말)			5		5
4	3	4A		5A		4		4
				4B				6
								5
3	4			4B	7			3
3						4		2-2
4		3B		4B				4
4		4A	4B	2A		3		3
5						3		3
4	3	2B	5B	2B	7	4		3
3	3		3A	3A	7	3		3
4			6(말)			5		
						4		
	5					3		
4		5	5A					4
4	3					3		
		4	4B	4B	4B	3		4

전체 번호	등급	분류	대표형	관련형	의미
220	5급	연결어미	-을뿐더러	-ㄹ뿐더러	
221	5급	연결어미	-길래		
222	5급	연결어미	-다가는	-다간, -단1	
223	5급	연결어미	-을지라도	-ㄹ지라도	
224	5급	연결어미	-느니1	-느니보다, -느니보다는	비교
225	5급	종결어미	-네2		감탄
226	5급	종결어미	-다4		서술(신문)
227	5급	종결어미	-고말고	-고말고요	
228	5급	종결어미	으려고2	려고2, 려고요, 으려고요	의심
229	5급	종결어미	-는가1	-ㄴ가1, -은가1	의문
230	5급	종결어미	-는걸	-ㄴ걸, -은걸, -ㄴ걸요, -는걸요, -은걸요	
231	5급	종결어미	-데	-데요	
232	5급	종결어미	-더라고	-더라고요	
233	5급	표현	-는다니1	-다니2, -라니5, -으라니2, -자니	명령 내용 질문
234	5급	표현	-었던	-았던, -였던	
235	5급	표현	-게 마련이다	-기 마련이다	
236	5급	표현	-게 생겼다		
237	5급	표현	-기 나름이다	-을 나름이다	
238	5급	표현	-기가 바쁘게		
239	5급	표현	-기가 쉽다		
240	5급	표현	-기만 하다		
241	5급	표현	-기에 앞서(서)		
242	5급	표현	-은 나머지	-ㄴ 나머지	
243	5급	표현	-는 데다가	-ㄴ 데다가1, -은 데다가2, -ㄴ 데다가2, -은 데다가1	
244	5급	표현	-는 듯하다	-ㄴ 듯하다, -은 듯하다, -ㄹ 듯하다, -을 듯하다	
245	5급	표현	-는 법이다	-ㄴ 법이다, -은 법이다	
246	5급	표현	-는 이상	-ㄴ 이상, -은 이상	
247	5급	표현	-은 채로	-ㄴ 채로	
248	5급	표현	-는 가운데	-은 가운데	

경희	고려	동국	서강	서울	세종	연세	이화	한국외
		5	6(말)			5		
3	4	4B				5	4	4
4		4B		4A		4	4	
4			5A	6A		6		6
5			5A			6	6	4
3			5B					
					6			
						3		
						2		
6			5A					
					7			3
						5		
3		4B	3B	4B	7	5		3
5		3B				3		3
3		3B	3B	3B		3	2-2	
4	5	5	6(말)	4A		4	4	4
3								
				5B		6	5	5
								3
		2B		5B			2-2	1-2, 6
3	3		5B			3		
		5						
5	4	5	6(말)	5B			5	4
4		4A		4B	7		3-2	3
5	4	4B		4A	8			
4		4A		5B		4	5	5
		5	5B	6B		6	5	
4	3	4B	5A	4A	8	6	3-2	4
6			5B	6A		6	6	

부록 주요 대학 한국어교육 기관 교재 문법 목록

전체 번호	등급	분류	대표형	관련형	의미
249	5급	표현	-는 척하다	-ㄴ 척하다, -은 척하다	
250	5급	표현	는 말할 것도 없고	은 말할 것도 없고	
251	5급	표현	-을 만하다	-ㄹ 만하다	
252	5급	표현	-으려나 보다	-려나 보다	
253	5급	표현	-으면 몰라도	-면 몰라도	
254	5급	표현	-을 법하다	-ㄹ 법하다	
255	5급	표현	-을 테지만	-ㄹ 테지만	
256	5급	표현	에도 불구하고		
257	5급	표현	-는데도	-ㄴ데도, -은데도	
258	5급	표현	-어 내다	-아 내다, -여 내다	
259	5급	표현	-는다는 것이	-ㄴ다는 것이	
260	5급	표현	-는데도 불구하고	-ㄴ데도 불구하고, -은데도 불구하고	
261	6급	조사	이라면	라면1	강조
262	6급	연결어미	-건만	-건마는	
263	6급	연결어미	-노라면		
264	6급	연결어미	-기로서니		
265	6급	연결어미	-느니만큼	-니만큼, -으니만큼	
266	6급	연결어미	-되	-으되, -로되	
267	6급	연결어미	-으련마는	-련마는, -으련만, -련만	
268	6급	연결어미	-이라야	-라야, -이라야만, -라야만	
269	6급	연결어미	-는다고1	-다고1, -라고3, 으라고1, -자고1	의도
270	6급	연결어미	-자니3	-자2, -자니까3	의도
271	6급	연결어미	-은들	-ㄴ들2, 인들	양보
272	6급	연결어미	-자면1		의도
273	6급	연결어미	-을망정	-ㄹ망정	
274	6급	연결어미	-을라치면	-ㄹ라치면	
275	6급	종결어미	-으리라	-리라	
276	6급	종결어미	-으오	-오	
277	6급	종결어미	-게3		명령
278	6급	종결어미	-게4		환기
279	6급	종결어미	-으니4		비난

경희	고려	동국	서강	서울	세종	연세	이화	한국외
	4	3B	5B	3B			3–2	3
				6A				5
3	3	3A		3B	8	3	3–1	3
			4B					
			5B, 6(말)			6	5	6
6				5B		6		
						6		
	6		6(말)	6A	8	5		
4	3	4B		3A			4	3
			5B	5B			5	
			4B	4A		3		
			5A	3A				4
5								3
	6			6B		6		5
				5B				
6	6			6B		6	6	6
						4		6
	5	5		5B		5	6	
				5B			6	
						4		
5						6		
				6B			6	
6	6					5	6	6
						4		
6				6B			6	5
				6B		6	6	
		5		6A		6	5	
		5					5	
						4	2–2	
6								
6								

부록 주요 대학 한국어교육 기관 교재 문법 목록

전체번호	등급	분류	대표형	관련형	의미
280	6급	종결어미	-네1		서술
281	6급	종결어미	-는가2	-ㄴ가2, -은가2	문제 제기
282	6급	종결어미	-나3	-나요	의문
283	6급	종결어미	-던가1		의문(경험)
284	6급	종결어미	-던가2		의문(추측)
285	6급	표현	-기 일쑤이다		
286	6급	표현	-기 짝이 없다		
287	6급	표현	는 마당에	-ㄴ 마당에, -은 마당에	
288	6급	표현	-는 한이 있어도	-는 한이 있더라도	
289	6급	표현	-을 바에	-ㄹ 바에	
290	6급	표현	를 막론하고	을 막론하고	
291	6급	표현	-는다는	-ㄴ다는, -는단, -다는, -단2, -라는1, -란2	
292	6급	표현	-어 치우다	-아 치우다, -여 치우다	
293	6급	표현	이라고는	라고는, 이라곤, 라곤,	
294	6급	표현	-으리라고	-리라고	
295	6급	표현	-자면2		권유

경희	고려	동국	서강	서울	세종	연세	이화	한국외
				4B	7			
3				3A		2		
5								
5						4		
			5B	6A			5	4
				5B				
6							6	
6		5		5A		6		5
		5		6A		6	6	6
		5		6B				6
6		3B	5B	4A			6	
							6	
				5B				
	6							
5						4		

부록 4 지필평가 및 토론 자료

1 지필평가의 필요성

한국어교육 실습은 한국어교육을 실제로 직접 경험해 보면서 익히는 것이다. 그러나 이 실습은 단순히 경험치를 쌓아 익숙해지는 실습이 아니라 이론을 바탕으로 교육적 판단에 의해 이루어지는 실습이다. 따라서 강의참관, 모의수업, 시범수업을 위한 이론적 준비를 확인하는 차원의 지필평가가 필요하다. 상황에 따라 지필평가 대신 토론으로 진행할 수도 있다.

2 평가 항목

한국어교육 실습의 지필평가는 실습을 위한 이론 평가로 이루어진다. 정리하면 다음과 같다.
- 한국어교육의 기본 원리
- 한국어교육 실습 개요
- 한국어교육 교수법 및 교사론
- 교안 작성 방법(교사말, 피드백 등)

3 예시 문제

예시 문제를 사전에 배부하여 준비하도록 한 후 10문제 정도를 선정하여 지필평가를 진행할 수도 있고 토론 자료로 활용할 수도 있다. 예를 들면 다음과 같다.

(1) '한국어 교사'란 누구인가? 수업에서의 역할을 중심으로 설명한다면…
(2) '학습자 중심'이란? '과정 중심'이란?
(3) 같은 교재(부교재 포함)로 같은 일정으로 가르친다면 여러 반의 수업이 모두 동일하게 진행될 수 있을까? 그렇다면/그렇지 않다면 그 이유는?
(4) 학습자의 집중력을 유지, 상승하게 만들기 위해서 어떻게 해야 할까?
(5) 학습자 입장에서 '목표 표현을 학습한다.'는 것은 무엇을 의미하는가?
(6) 초급수업의 경우, 목표 문법의 교수가 쉽지 않다. 그 이유와 해결 방안은?
(7) 'PPP'란? 'TTT'란?
(8) '연습'이란? '활동'이란?
(9) '연습'과 '활동'을 제시할 순간과 양을 준비하는 방법은?
(10) 요즘의 한국어교수 방법은 '습득을 지향하는 학습'이라고 할 수 있는데 무슨 의미인가?
(11) 최소한의 발화로 수업을 전개하기 위한 방법은?
(12) 성인 학습자의 언어 수업에서 학습자가 원하는 수업은?
(13) 성인 학습자의 경우 교사와의 교감이 중요하다. 학습자가 교사를 어떻게 생각하도록 하는 것이 좋은가?
(14) '언어 지식'이란? '언어 교육 지식'이란?
(15) 교사는 학습자가 수행하는 모든 것의 결과를 미리 예측할 수 있어야 한다. 이를 위해 어떻게 준비할 수 있을까?
(16) 학습자에게 하는 질문은 '아는 사람의 아는 척'이 아닌 '학습 단계로 설정된 질문'이어야 한다. '학습 단계로 설정된 질문'이란?
(17) 수업 중 대답하기 어렵거나 잘 모르는 것에 대한 질문을 받으면 어떻게 해야 할까?
(18) 학습자에게 '의미 있는(유의미한) 표현'이란?
(19) 질의와 응답, 즉 묻고 답하는 수업 방식의 장점은?

　　교사:

　　학습자:

(20) 질문은 학습자 모두에게 하는 것이 좋다. 그러나 학습량이 많거나 연습시간이 충분하지 않을 때는 어떻게 해야 할까?
(21) 목표 표현이란?
(22) '문형'으로 불리는 문법 표현의 교수학습의 일반적인 단계는?
(23) 도입 단계에서 교사가 중점을 두어야 하는 것은?
(24) '학습자 중심의 입력강화'란?
(25) 목표 표현을 '완전한 문장 형태'로 제시해야 한다. 그 의미와 이유는?
(26) 초급 단계에서의 목표 표현을 위한 연습 문제 유형에는 무엇이 있는가?
(27) 동사와 형용사의 형태 제시는 어떻게 하는 것이 바람직한가?
(28) 목표 표현에 연계되는 표현의 유형과 그 제시 방법은?
(29) 연계 표현을 목표 표현과 함께 제시할 때 주의해야 할 점은?
(30) 수업 중 목표 표현을 강조하는 방법은?
(31) 수업 중 오류 처치 방법은? 예를 들어 설명하시오.
(32) 모둠 활동의 장점은?
(33) 역할극(role play)과 시뮬레이션(simulation)은?
(34) 브레인스토밍(braininstorming)이란?
(35) 정보차 활동(information gap)이란?
(36) '효과적인 칭찬'과 '효과적이지 못한 칭찬'의 예를 들어 비교한다면?
(37) '내용 중심 교수(content-based)'와 '주제 중심 교수(theme-based)'의 차이점은?
(38) 과업 중심 학습(task-based learning: TBLT)에서 사용할 수 있는 과업의 예는?
(39) 듣기에서 '상향식 활동'과 '하향식 활동'의 예를 들어 설명한다면?
(40) 읽기 이해를 위한 책략을 몇 가지 소개한다면?

부록 5 비대면 수업을 위한 준비

1 실시간 온라인 수업이 가능한 플랫폼

1) 줌(Zoom) https://www.zoom.us/
2) 웹엑스(Webex) https://www.webex.com
3) 구글 미트(Google Meet) https://meet.google.com/
4) 마이크로 소프트 팀즈(Microsoft Teams) https://www.microsoft.com/ko-kr/microsoft-teams
5) 네이버웍스(NAVER WORKS) https://naver.worksmobile.com/

2 온라인 수업 도구

1) 퀴즈

카훗(Kahoot!) https://kahoot.com/
퀴즈앤(Quizn) https://www.quizn.show
띵커벨(ThinkerBell) www.tkbell.co.kr
소크라티브(Socrative) https://www.socrative.com
니어팟(NearPod) https://nearpod.com/

2) 실시간 협업도구

패들렛(Padlet) https://padlet.com/
구글 프리젠테이션(Google Presentation) https://docs.google.com/presentation
구글 잼보드(Google Jamboard) https://jamboard.google.com/
멘티미터(Mentimeter) https://www.mentimeter.com/

3) 단어 학습

클래스카드(Classcard) https://www.classcard.net/
퀴즐렛(Quizlet) https://quizlet.com

4) 온라인 워크시트

라이브워크시트(liveworksheets) https://www.liveworksheets.com/
플립피티(Flippity) https://www.flippity.net/
티처메이드(Teacher Made) https://teachermade.com/
에드퍼즐(Edpuzzle) https://edpuzzle.com/home